AI公文写作高手速成

格式要点+写作技巧+模板案例

孙建东◎编著

清华大学出版社

北京

内 容 简 介

本书是一本专为公文写作人员打造的 AI 操作手册。在公文写作领域，效率和准确性至关重要，本书正是针对这一需求，提供了全面的解决方案。

首先，本书深入介绍了 AI 公文写作的基础知识，包括公文的定义、分类、特点、作用及语言要求，旨在帮助读者打下坚实的理论基础。接着，本书深入探讨了 AI 公文写作的技术原理、环节、优势及发展趋势，并分析了其在实际应用中可能遇到的困难，可帮助读者全面了解 AI 写作的潜力与局限。书中特别强调了 AI 写作工具的实操技巧，如 Kimi、文心一言、智谱清言、秘塔写作猫、ChatGPT 等，读者可通过具体的操作指南，快速上手并提升写作效率。同时，书中详细介绍了公文写作的格式要点，从版头到主体再到版记，每一部分都详细讲解，确保读者能够掌握公文的标准格式。

本书的亮点在于将 AI 技术与公文写作紧密结合，不仅提供了高效的写作工具和方法，还注重提升写作质量，帮助读者在公文写作时，保证公文规范性的同时提高写作的效率和专业性。无论是公文写作新手还是资深人员，都能从本书中获得宝贵的知识和技能，成为公文写作的高手。

图书在版编目(CIP)数据

AI 公文写作高手速成：格式要点+写作技巧+模板案例 / 孙建东编著.
北京：清华大学出版社，2025. 4. -- ISBN 978-7-302-68501-2

Ⅰ. H152.3-39

中国国家版本馆 CIP 数据核字第 2025SK3719 号

责任编辑：张　瑜
装帧设计：杨玉兰
责任校对：徐彩虹
责任印制：丛怀宇
出版发行：清华大学出版社
　　　　网　　　址：https://www.tup.com.cn, https://www.wqxuetang.com
　　　　地　　　址：北京清华大学学研大厦 A 座　　　邮　　编：100084
　　　　社 总 机：010-83470000　　　　　　　　　　邮　　购：010-62786544
　　　　投稿与读者服务：010-62776969, c-service@tup.tsinghua.edu.cn
　　　　质量反馈：010-62772015, zhiliang@tup.tsinghua.edu.cn
印 装 者：天津鑫丰华印务有限公司
经　　销：全国新华书店
开　　本：170mm×240mm　　　印　张：13　　　字　数：229 千字
版　　次：2025 年 4 月第 1 版　　　　　　　印　次：2025 年 4 月第 1 次印刷
定　　价：59.80 元

产品编号：107203-01

前　言

公文写作是许多职场人士的日常工作之一，然而，这项工作常常伴随着诸多挑战：格式的严格规范、语言的准确表达、内容的逻辑清晰，以及时间的紧迫压力。这些难题不仅耗费了大量的时间和精力，还常常让写作人员感到巨大的压力。

为了帮助写作人员解决这些难题，我们精心编写了这本书。本书的编写初衷是站在公文写作人员的角度，深入挖掘公文写作的痛点，并提供切实可行的解决方案。

本书的亮点之一是将 AI 技术与公文写作紧密结合，通过智能化的辅助，让写作变得更加高效和便捷。本书特别介绍了几款 AI 写作软件，如 Kimi、文心一言等，它们不仅具备强大的语言处理能力，还能根据用户需求生成结构合理、逻辑性强的文本内容。这些软件的智能化功能包括但不限于以下几个方面。

（1）智能模板生成。根据公文类型和写作目的，AI 能够快速生成符合规范的模板，为写作提供基础框架。

（2）语法和拼写检查。AI 能够实时检测文本中的语法错误和拼写错误，确保公文的专业性。

（3）内容优化建议。通过分析文本内容，AI 能够提供优化建议，帮助提升公文的逻辑性和可读性。

（4）AI 关键词指令。本书提供了 60 多组 AI 关键词指令，这些指令能够帮助用户更精确地控制 AI 软件，从而快速实现特定的写作需求。

为了让用户更直观地了解和掌握这些 AI 写作工具，本书还附赠了 110 多个教学视频。这些视频不仅展示了软件的基本操作，还深入讲解了如何利用 AI 功能提升写作效率，让用户能够快速上手并有效利用这些工具。

本书提供了丰富的写作技巧和审校方法，旨在帮助您提升公文的写作质量和说服力。无论是"三查三改"原则，还是行文规范，都旨在帮助您写出既规范又高效的公文。

书中大量的模板案例覆盖了法定类、事务类、规约类、凭证类、讲话类和书信类等多种公文类型，确保您在各种场景下都能游刃有余。

我们相信，通过学习本书，您能够更加自信地面对公文写作任务，无论是提高写作效率还是确保公文质量，都将变得轻松而高效。让我们一起开启这段 AI 公文写作的学习之旅，让公文写作变得更加轻松愉快。

关于本书涉及的各大软件和工具版本：文心一言为基于文心大模型 3.5 的 V3.0.0，ChatGPT 为 4.0 版，通义为通义千问 2.5 模型下的 V3.0.0，智谱清言为

GLM-4。

在图书编写的过程中截图展示的为当时的操作界面，由于本书编辑到出版需要一段时间，在此期间，这些工具的功能和界面可能会有变动。因此，请您在阅读时，根据书中提供的思路，举一反三地进行学习。

温馨提示：即使是相同的指令，软件每次生成的回复也会有所差别，这是软件基于算法与算力得出的新结果，属于正常现象，所以大家可能会看到书中的回复与视频中的内容有所区别，包括大家用同样的指令自己进行实操时，得到的回复也会有差异。因此，在扫码观看教程时，读者应把更多的精力放在操作技巧的学习上。

如果读者需要获取书中案例的指令、回复和视频，请使用微信"扫一扫"功能，按需扫描下列对应的二维码即可。

扫码看指令　　　　扫码看回复　　　　其他资源

本书由孙建东编著，参与编写的人员还有吕媛媛、李玲等人，在此表示感谢。
由于编写人员知识水平有限，书中难免有疏漏之处，恳请广大读者批评、指正。

编　者

学习方法与扩展

本书在编写时，主要以市场上较受欢迎的两大平台——ChatGPT 和文心一言为例进行介绍。但随着 AI 技术的发展，国内也逐渐出现了其他优秀的平台或工具，如 Kimi、智谱清言、通义、天工 AI、讯飞星火、秘塔写作猫等。无论是最热门的两大平台，还是这些国产工具，它们的使用方法实际上都大同小异，核心都在于提问技巧、提示词的撰写和案例的应用。

由于篇幅有限，如果对所有工具都进行介绍，势必只能浅尝辄止，无法深入讲解，这是本书选择重点且深入地讲解两大平台的原因。这里向大家提供一个学习方法：将提问技巧、提示词的撰写应用到其他软件中，这样大家就能够举一反三、融会贯通，收获会更大。

为了提高大家的学习效率，同时学到更多的知识，这里再以两个工具——Kimi 和智谱清言为例，说明写作文案的方法。

【第 1 例】：使用 Kimi 写作文案，具体的操作步骤如下。

(1) 在浏览器中搜索 Kimi 网页版，找到其官网链接并单击，进入 Kimi 首页，根据提示进行登录。

(2) 在 Kimi 首页左侧的导航栏中单击"开启新会话"按钮，即可进入 Kimi 的会话窗口。

（3）在会话窗口底部的输入框中输入指令，单击 ➤ 按钮或按 Enter 键，将指令发送，Kimi 即可根据要求生成所需的文案，相关指令和回复内容如下。

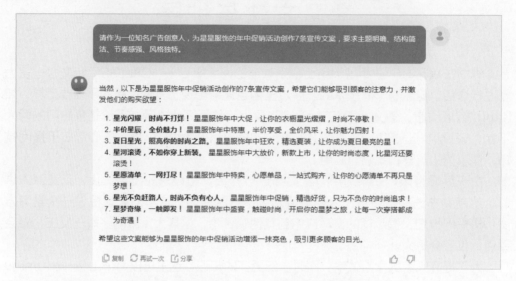

【第 2 例】：使用智谱清言写作文案，具体的操作步骤如下。

（1）在浏览器中搜索"智谱清言"，找到其官网链接并单击，进入智谱清言首页，单击"立即体验"按钮，根据提示完成登录，进入智谱清言的对话页面。

（2）在智谱清言对话页面底部的输入框中输入指令，单击 ◀ 按钮或按 Enter 键将指令发送，即可获得智谱清言生成的文案，相关指令和回复内容如下。

GLM-4 ∨

👤 用户

请作为一名自媒体文案大师，为"桂林山水之旅"这个主题撰写5个抖音短视频标题。要求：标题新潮有趣，能激发受众的好奇心、探索欲和点击欲

◎ ChatGLM

1. 【秘境探险】桂林山水背后，隐藏着哪些神秘传说？

2. 【航拍奇观】你没看过的桂林山水，上帝视角下的绝美风光！

3. 【极限挑战】在桂林山水间，他们完成了哪些惊心动魄的挑战？

4. 【穿越千年】跟随古人足迹，探访桂林山水中的历史遗迹！

5. 【浪漫之旅】桂林山水间的爱情故事，哪一个最让你心动？

👍 👎 💬 ↗

【特别提示】：无论是书中讲解的两大平台，还是这里举例的两个工具，或是通义、天工 AI、讯飞星火、秘塔写作猫等其他工具，以及未来可能出现的新工具或平台；无论是电脑版还是 App，其使用方法基本上都是相同的。大家运用这些共性的技巧，举一反三，便能收获颇丰。

目　　录

第 1 章

概述：了解 AI 公文写作

学前提示

　　AI(Artificial Intelligence，人工智能)公文写作，顾名思义，就是让 AI 来完成公文的撰写任务。尽管利用 AI 来撰写公文可以提高写作效率，但撰写者仍需先认真了解相关的基础知识和常见问题，以便结合实际情况有效地运用 AI。

要点提示

▶　公文的基础知识。

▶　AI 公文写作基础。

▶　AI 公文写作存在的困难。

▶　让 AI 写作公文。

1.1 公文的基础知识

公文，顾名思义，是指为了办公需要而写作的文书，也就是用于处理公务的文件。如果撰写者想要全面而深入地了解公文，可以从含义、分类、特点、作用以及语言要求这五个方面来进行学习。

1.1.1 公文的含义

扫码看视频

公文，全称为"公务文书"，是社会公务活动的产物和工具。撰写者可以从基本含义和属性含义两个方面来理解公文的含义。

1. 公文的基本含义

公文是各级各类党政机关、社会团体和企事业单位在处理公务活动中产生的具有传递信息和记录作用的载体，这是公文的基本含义，也是被大家普遍接受的含义。从这个方面来说，公文有四个区别于其他文书、文件的构成要素，如图1-1所示。

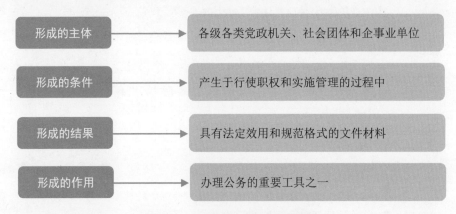

形成的主体	→	各级各类党政机关、社会团体和企事业单位
形成的条件	→	产生于行使职权和实施管理的过程中
形成的结果	→	具有法定效用和规范格式的文件材料
形成的作用	→	办理公务的重要工具之一

图1-1　公文基本含义的构成要素

2. 公文的属性含义

由公文的基本含义可知，公文是办理公务的重要工具。因此，从公文的属性方面来说，它是实现国家治理和公务管理的一种重要工具，特别是在政府机关的公文中，它具有鲜明的属性特征，具体说明如下。

（1）公文是为党政机关服务的，带有国家政权的性质，具体表现在党政机关领导借助公文行使权力。

（2）公文具有鲜明的层级性，具体表现在公文从属于一定的政治集团并为其服务。

1.1.2　公文的分类

在日常的生活和工作中，撰写者需要接触和写作多种公文，这些公文可以按照不同的标准进行分类，以便后续的区分和使用。下面介绍八种公文分类的标准。

1. 从内容性质上进行分类

从内容性质上对公文进行分类，就是把公文按照其表现出来的能概括文件内容特点的性质因素进行分类，具体来说可以分为五类，分别为记录性公文、规范性公文、报请性公文、知照性公文和指挥性公文。

2. 从传播途径上进行分类

随着现代信息技术的发展，公文的传播途径也朝着两个方向分化，即通过传统的纸质公文和通过网络媒体传播的电子公文。

其中，电子公文已经成为人们工作和生活当中的新工具，并在日常工作中发挥着越来越重要的作用。这是适应公文应用发展需求的结果，具体发展因素分析如图 1-2 所示。

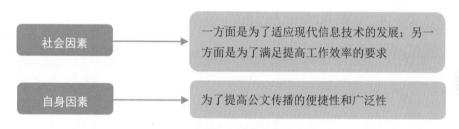

图 1-2　电子公文发展的因素分析

3. 从使用范围上进行分类

从使用范围上划分，公文可以分为通用公文、专用公文和技术公文三类。

4. 从行文关系上进行分类

在国家机关、社会团体和企事业单位的体系内，各级部门之间存在隶属关系，这导致公文的行文关系也呈现差异。从这个方面来说，公文可以分为上行文、平行文和下行文三类。

5. 从机密程度上进行分类

不同的公文有着不同的阅读范围，而阅读范围的不同又充分体现了公文的机密程度。从这个方面来说，公文可以分为秘密公文、普通公文和公开公文三类。

其中，秘密公文和公布公文在阅读范围上有明显区别：秘密公文是禁止在许可范围外传播的；而公开公文则恰好相反，它是需要传播给所有人的。

6．从内容来源上进行分类

从内容来源对公文进行分类，是基于特定体系而言的。它指的是在一定体系范围内，公文的内容来源有着明显的方向性和多样性。一般来说，根据其内容来源，公文可以分为收来的公文、内部的公文和对外的公文。

7．从制发机关上进行分类

这主要是针对党政机关公文而言的，也是党政机关的不同职责和公文的不同效用的具体体现，而这些又使得公文的阅读范围和阅读对象的身份有着明显区别。

因此，根据制发机关的不同及其引起的公文作用方面的差异，公文一般可以分为法规公文、行政公文和党的公文 3 类。其中，法规公文一般是法律文件；行政公文主要是法令文件；而党的公文主要是党的指导性文件或政策性文件。

8．从紧急程度上进行分类

根据紧急程度来划分的公文类型，究其本质，是针对公文的重要性和时间紧迫性而言的。不同紧急程度的公文，其处理期限也有着明显区别，具体如下。

（1）特急公文，需要在一天内完成处理。

（2）急办公文，应当在 3 天内完成处理。

（3）常规公文，在一周内完成处理即可。

1.1.3 公文的特点

扫码看视频

公文产生于特定的社会环境，并依照一定的规范成文，最终应用于不同领域。因此，相对于其他文书来说，公文有着其自身的特点，而了解公文的特点，有助于撰写者更好地掌握公文的写作技巧和写作规范。

1．权威性

公文的权威性主要表现在公文制发机关的权威性和公文使用功能的权威性两个方面，具体内容如下。

1）公文制发机关的权威性

公文的形成主体是各级机关、社会团体和企事业单位，它代表的是这些社会组织的各个机关和部门。特别是对于党政公文来说，它代表的是各级党政机关。

而党政机关之所以制发公文，是因为它们需要通过公文来传递党和国家的政策和命令，进而实现其处理公务、开展工作的目的。这就需要制发机关在形成公文时具有法定权威性，这是保证公文所表达的意志和指令得以顺利实现和执行的基础。

2）公文使用功能的权威性

这一方面的权威性，从实质上讲，是由制发机关的权威性衍生出来的。因为当具有权威性的党政机关制定和发布公文时，公文所体现的基本职能是传播各级党和国家行政机关处理公务和开展工作的各种指令。公文在这一过程中所表现出来的指令性是其具有代表性的使命，这使得公文在权威性方面具有法定效力和约束力。

另外，就公文使用本身而言，它要求党政机关必然赋予其权威性的地位。因此，公文是由具有权威性的党政机关制发的，具有使用权威性的一种文体。由此可见，公文的权威性伴随着其产生、传播和使用的全过程，是公文的一种基本的、主要的特点。

2. 实用性

公文作为社会组织处理公务的工具，是针对现实中存在的问题而制定的，不管是用来传达意图、颁布法规，还是用来进行政治、商务和经济活动，最终目的都是为人们的现实生活服务。因此，公文具有明显的实用性。实用性不仅是公文的一个重要特征，更是公文产生的关键和存在的必要性要求。

3. 规范性

公文的撰写和传播都是遵循一定规范的，这就是公文规范性的表现。关于公文的这一特性，可以从必要性和具体表现这两个方面进行分析，如图 1-3 所示。

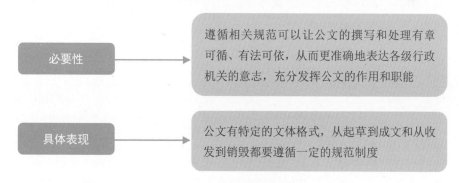

图 1-3 公文规范性分析

4. 特定性

公文还具有明显的特定性。这一特点主要表现在公文有一定的行文关系和方向，也就是说，公文的受体是一个特定的群体。

公文的特定性在其内容中有明显的体现。例如，在公文撰写时，一般需要写明"主送机关"和"抄送机关"，或者在附注中注明阅读对象。

1.1.4 公文的作用

扫码看视频

公文的含义和特点决定了其作用。总的来说，公文可以起到管理调控、约束规范、协商交流和提供依据凭证这四个作用。

1. 管理调控

国家机关、社会团体和企事业单位进行公务处理的过程，就是其进行管理和调控的过程，而这一过程的传播媒介主要是公文，因此，公文的内容和基本职能赋予了其管理调控的作用。一般来说，公文的管理调控作用主要表现在以下两个方面。

1） 指导性的管理调控作用

公文是党政机关传达其意志的工具，无论是负责制定和发出公文的党政机关，还是负责传达公文的各级党政机关，其所发出的公文及其衍生文件都对工作具有指导意义，都能对各级工作起到指导性的管理调控作用。

2） 协调式的管理调控作用

公文的管理调控作用不仅体现在公文内容的工作指导方面，还体现在协调各级机关、各部门和各社会团体之间的关系上。

例如，制定相关决议和决定来规范人们的活动，可以使各个社会组织协调、有序；颁布法令来纠正不良行为，可以使各项工作顺利开展；制定条例和规定来规范人们的行为，可以让各项管理工作有条不紊地进行。

2. 约束规范

俗话说："没有规矩，不成方圆。"也就是说，任何具有组织形式的机关和团体，都需要凭借一定的条文来对内部人员的行为进行约束和规范。而对于党和国家而言，这些条文就是一系列以公文形式颁布的法律、法令和法规等。

公文以传达治理党和国家的指令为基本职能。以公文形式颁布的法律、法令和法规等，旨在约束和规范人民群众的行为。因此，人们对于公文内容所包含的各种决定必须坚决执行并严格遵守，不得违背。

当然，关于公文的约束规范作用，有三个方面需要注意，具体如图 1-4 所示。

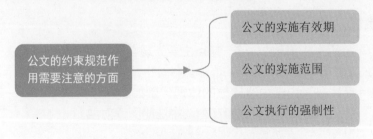

图 1-4 公文的约束规范作用需要注意的方面

3. 协商交流

对于各级各类国家机关、社会团体和企事业单位而言，公文不仅是一种具有管理调控和约束规范作用的文体，它还是这些社会组织相互联系的主要媒介，发挥着沟通不同机关和组织的桥梁和纽带作用。

公文便于上情下达和下情上报，因此成为社会组织交流情况、沟通信息和协调工作的重要工具，这一作用在通知、通告、通报、报告、公函等类型的公文中表现得尤为明显。

4. 提供依据凭证

在时效性方面，不同的公文是有区别的，因此为了更好地掌握公文的这一特征，便于为公务的处理提供依据，需要在制发公文时提供必要的相关信息作为凭证。从某一方面来说，公文其实就是各级各类国家机关、社会团体和企事业单位进行各种公务活动的依据。

1.1.5　公文的语言要求

扫码看视频

与其他类型的文章不同，公文的语言需要符合公文语体的要求，如果不符合公文语体，那么不管撰写者的文采多好，都无法写出一篇合格的公文。

一般来说，公文总共有 4 个语言要求，即语言准确、叙事简要、文风平实和行文规范，下面将进行具体介绍。

1. 语言准确

语言准确指的是在公文的撰写中，用词恰当、表意明确、言之有物，以及符合客观实际。这是公文语言最基本的要求。语言准确是保证公文严肃性、政策性和政治性的重要手段，可以从事实的准确和用语的准确两个方面来理解。

1) 事实准确

因为公文是各级单位开展工作的重要依据，并对后续工作起着极其重要的指导作用，所以公文中提到的事项必须与实际情况相符，严禁撰写者随意杜撰，切忌夸大或缩小事项及其影响，更不能歪曲、编造。

公文的撰写必须以事实为依据，反映的情况要真实，将真实的事项展现给各级单位和阅读者。

2) 用语准确

公文用语准确是指在撰写公文的时候，撰写者必须采用准确的语言和精练的文字来表现相关事件与发文单位的意图。

实际上，公文用语的准确性是事实准确的前提，只有语言准确才能如实地反映出客观事实，真实地传达出发文机关的思想与指示，从而帮助收文机关理解公文内容，顺利执行事项，并及时地批复公文。

如果在公文中用语不够准确，轻则可能损害机关单位的声誉，重则可能影响工作的顺利进行，甚至给工作带来重大损失。撰写者要想确保公文语言的准确性，可以从坚持实事求是和坚持用语准确这两个方面来进行。

1）坚持实事求是

在公文写作中坚持实事求是就是要保证公文事实的准确性，如实地反映公务活动中的客观事实，时间、地点、人物、起因、经过和结果等元素都必须准确，绝不能弄虚作假、隐瞒事实。

2）坚持用语准确

公文的用语准确就是要用真实准确的文字来反映事实，而真实准确的文字包含用字、遣词和造句这三个方面，具体如下。

（1）在公文的用字方面，需要保证没有错别字，数字要精确，比如统一使用阿拉伯数字或者汉字表示时间，最好不要将阿拉伯数字和汉字混用。

（2）在公文的遣词方面，撰写者要准确地表达出用词的性质和分量。

（3）在公文的造句方面，要使用完整的语句，符合客观实际，在一句话中完整地表达出准确的意思。不完整的语句或者缺少关键词的语句容易造成歧义，引起双方的误会，进而耽误工作的进行。

2．叙事简要

叙事简要就是要求公文简明扼要，用简练的文字表达出需要阐述的内容。公文是用来推动工作、传达信息、解决实际问题的一种文体，使用简洁的文字表达事项内容，十分符合当前快节奏的工作情况和高效快速的社会发展状况。

公文的叙事简要可以从两个方面来理解，一是公文的语言要简洁；二是公文的内容要精要，具体如下。

1）语言简洁

语言简洁，就是指撰写者在撰写公文的时候，要精心斟酌字句，用简洁的语句把事项说清楚，把公文要表达的主旨思想、意图等讲明白。

此外，撰写者还需要删去公文中无关的文字，做到没有冗杂、干净利落，用最简练的文字突出公文的主旨。

2）内容精要

内容精要，指的是公文在语言简洁的基础上做到内容精练，用最短小的篇幅阐明事件内容。这就要求撰写者能够在撰写公文的过程中，精准地抓住事项的主要事实和主要矛盾，不能主次不分。

在面对错综复杂的事项时，撰写者可以采用以下两种行文方法。

（1）分段。对公务事项进行分段，一段一个要点或者一段一个主旨思想，使撰写的公文更加层次鲜明。

(2) 使用序号。撰写者可以采用序号的形式对公文内容进行分层，灵活使用多级标题会让公文内容更加条理清晰。

3. 文风平实

公文是一种办公类的文体，与文学作品有着很大的不同，它不需要用华丽的辞藻进行修饰，只需要用平实的文风真实地传达出公务事项的方方面面。

文风平实对撰写者提出的要求就是用明确的概念、真实的判断和缜密的逻辑来反映公务事项的真实情况，直截了当地表达出公务事项的主旨思想，不追求生动华丽的语言，做到言之有物即可。

在追求文风平实的过程中，撰写者需要注意以下三个方面。

1) 不要过多地引经据典

虽然在公文中引经据典能够很好地展示出撰写者的文采，但公文是面向社会大众的一种工作类文体，有着广泛的群众基础和严肃的指导意义，这些广泛的群众基础就决定了公文的受众水平参差不齐，如果过多地在公文中引经据典，就容易陷入卖弄学问的误区。

一般来说，在领导讲话、调查报告等事务性公文中，可以适当地引经据典，以增加文章的可读性；但是在通用性公文中一般不宜引经据典，尤其是在比较严肃的请示、命令、批复等公文中，绝不能引经据典。

2) 不要自己造词

公文对各级单位的行政工作有指导作用，是它们办理事务的重要依据，因此公文必须能够让大众看懂，撰写者绝不能在公文中添加只有自己才能看懂的语句，或者杜撰一个不存在的词语，这样容易影响公务事项的有效办理。

3) 不要使用虚伪的语句

虚伪的语句是公文行文中的大忌，在公文中添加溢美之词、虚伪的夸赞等内容会让公文变得空洞，失去说服力。

此外，在公文中使用虚伪的话语会形成一种装腔作势、矫揉造作的文风，这种公文往往写了很多话，但是真正有"干货"能指导实际工作的内容却没有多少。

4. 行文规范

公文是党政机关、企事业单位等为了办理公务事件而发布的文书，因此可以说公文是"代机关立言"，再加上公文具有强制执行、指导机关工作和约束行为等的作用，撰写者必须采用规范的语言来撰写公文。

在撰写公文时，撰写者必须端正态度、严正立场，以此来规范自己的行文，从而撰写出合乎要求的公文。而为了做到行文规范，撰写者需要注意以下两点。

1) 规范化的书面语言

公文的语言要求庄重严肃，不能使用口语，以此保证公文行文的规范性。此外，在公文中也不能使用方言、歇后语等，只能使用规范化的现代汉语的书面语言。尤其是在命令、决议、批复等法规性极强的文件中，绝不能使用口语等较为随意的语言文字。

虽然有的书面语言和口语表达的意思一样，但是规范化的书面语言展现出来的效果会更加庄重、严肃，与公文的特点相贴合。

2) 规范化的公文专用语

实际上，现在已经逐渐形成了一套公文专用语，并且已经逐渐定型和规范。相比较而言，公文专用语更加言简意赅，更便于在公务活动中用简略的语言来表达相关事宜，更容易被他人理解。此外，公文的专用语也有一个相对固定的使用位置，有相应的使用规范。

公文按照其行文方向可以分为上行文、平行文和下行文，不同的行文方向有不同的语言规范要求，具体分析如下。

(1) 在撰写上行文的时候，下级单位要在公文中表现出对上级单位的尊重，并使用恳切和请示的语气。

(2) 在撰写平行文的时候，发送给同级单位的公文一定要采用委婉、礼貌和诚恳的语言与语气，以询问、商量的形式来表达自己的发文意图，并与收文单位进行协商，共同解决问题。

(3) 在撰写下行文的时候，上级单位要在公文中明确提出具体的要求和措施，不能用商量或模棱两可的语气，一定要坚决果断、严正立场体现出公文的指导性和权威性。

另外，撰写者在撰写公文时，可能会出现一些问题，从而影响公文的发文质量和公务事项的执行，下面对其进行简要介绍。

(1) 用词不当。这是公文中常见的问题，例如在"减少不合理收费"中，"不合理收费"不能用"减少"来搭配，应当是"取消不合理收费"。

(2) 简称使用错误。在公文中应当使用全称或者规范化简称，或者注明简称指的是什么内容，以消除阅读障碍。

(3) 搭配不当。搭配不当的问题常常出现在对宾语的使用上，需要撰写者时刻注意并通读公文。

(4) 语句残缺。公文中需要使用完整的语句来阐释公务事项。

(5) 违反客观规律。这种问题一般是过于夸大事实，只要坚持从实际出发、实事求是，就能很好地规避这一问题。

1.2　AI 公文写作基础

AI 公文写作，即使用人工智能技术辅助或完全自动化地撰写公文。在 AI 的助力下，原本枯燥、困难的公文写作工作变得简单和方便。本节主要介绍 AI 公文写作的技术原理、AI 公文写作的环节、AI 公文写作的优势和 AI 公文写作的发展趋势。

1.2.1　AI 公文写作的技术原理

AI 公文写作是一种新型的写作方式，它可以简化公文写作的流程，减少公文中的人为错误，提高公文的质量。而要做到这些，离不开当今先进的人工智能技术，如图 1-5 所示。

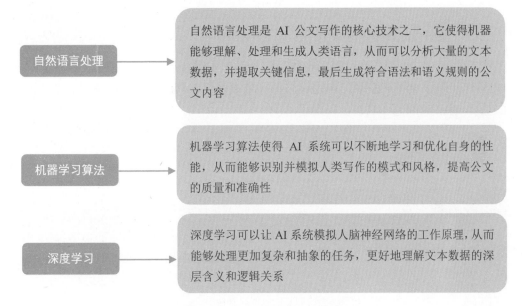

| 自然语言处理 | 自然语言处理是 AI 公文写作的核心技术之一，它使得机器能够理解、处理和生成人类语言，从而可以分析大量的文本数据，并提取关键信息，最后生成符合语法和语义规则的公文内容 |

| 机器学习算法 | 机器学习算法使得 AI 系统可以不断地学习和优化自身的性能，从而能够识别并模拟人类写作的模式和风格，提高公文的质量和准确性 |

| 深度学习 | 深度学习可以让 AI 系统模拟人脑神经网络的工作原理，从而能够处理更加复杂和抽象的任务，更好地理解文本数据的深层含义和逻辑关系 |

图 1-5　AI 公文写作的技术原理

1.2.2　AI 公文写作的环节

扫码看视频

对于撰写者而言，让 AI 进行公文写作的过程比较简单，只需要输入合适的指令，就能获得 AI 生成的公文内容。但对于 AI 而言，完成公文写作这项工作需要经过四个环节，分别是信息分析、数据准备、初步生成和优化输出，如图 1-6 所示。

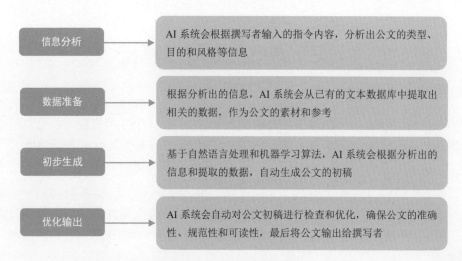

图 1-6　AI 公文写作的环节

1.2.3　AI 公文写作的优势

扫码看视频

在了解 AI 公文写作时，撰写者也需要认识其独特的优势，这些优势为公文写作带来了全新的变革，也为撰写者提供了前所未有的便利，提高了工作效率。AI 公文写作主要有五个优势，如图 1-7 所示。

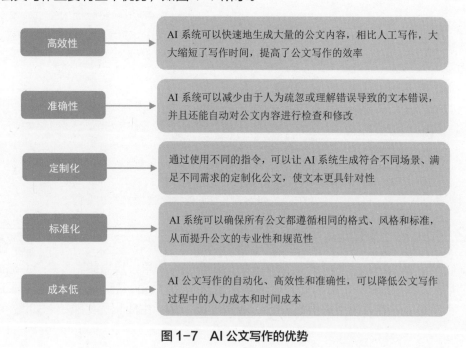

图 1-7　AI 公文写作的优势

1.2.4 AI 公文写作的发展趋势

扫码看视频

在信息化、数字化日益深入的今天，人工智能技术正以前所未有的速度渗透到各个行业领域，AI 公文写作正是其中的一个体现。随着技术的不断进步和应用场景的不断拓展，AI 公文写作也将迎来更广阔的发展前景。

总的来说，AI 公文写作的发展趋势主要体现在智能化程度不断提升、安全性和隐私保护机制的完善、与其他行业的深度整合，以及支持多种语言的应用等四个方面，具体如图 1-8 所示。

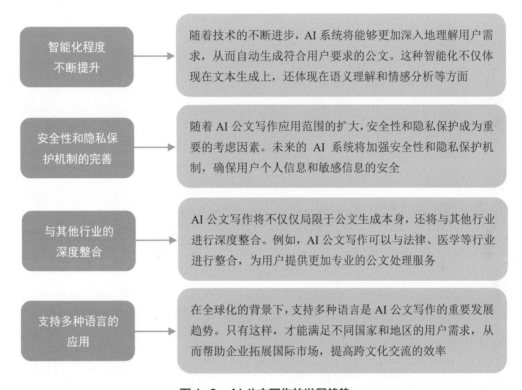

| 智能化程度不断提升 | 随着技术的不断进步，AI 系统将能够更加深入地理解用户需求，从而自动生成符合用户要求的公文。这种智能化不仅体现在文本生成上，还体现在语义理解和情感分析等方面 |

| 安全性和隐私保护机制的完善 | 随着 AI 公文写作应用范围的扩大，安全性和隐私保护成为重要的考虑因素。未来的 AI 系统将加强安全性和隐私保护机制，确保用户个人信息和敏感信息的安全 |

| 与其他行业的深度整合 | AI 公文写作将不仅仅局限于公文生成本身，还将与其他行业进行深度整合。例如，AI 公文写作可以与法律、医学等行业进行整合，为用户提供更加专业的公文处理服务 |

| 支持多种语言的应用 | 在全球化的背景下，支持多种语言是 AI 公文写作的重要发展趋势。只有这样，才能满足不同国家和地区的用户需求，从而帮助企业拓展国际市场，提高跨文化交流的效率 |

图 1-8 AI 公文写作的发展趋势

1.3 AI 公文写作存在的困难

虽然 AI 公文写作为撰写者带来了许多便利，但撰写者也要正确认识其中存在的一些问题。总的来说，AI 公文写作在技术层面、内容层面和应用层面上都面临着一定的困难。

1.3.1　技术层面的局限性

在运用 AI 写作公文的过程中，AI 系统的成熟度、理解能力和模型训练数据的质量等技术条件，会直接影响公文的质量。总的来说，技术层面的局限性具体表现在公文的内容质量不稳定、公文内容出现误解和歧义，以及公文的真实性和可信度受损三个方面，具体如图 1-9 所示。

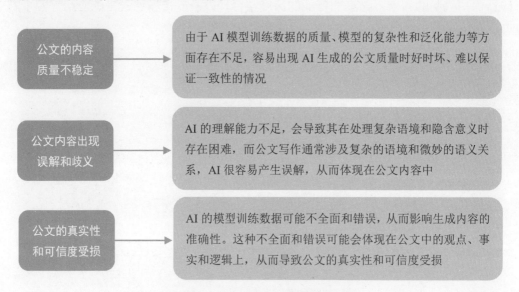

| 公文的内容质量不稳定 | → | 由于 AI 模型训练数据的质量、模型的复杂性和泛化能力等方面存在不足，容易出现 AI 生成的公文质量时好时坏、难以保证一致性的情况 |

| 公文内容出现误解和歧义 | → | AI 的理解能力不足，会导致其在处理复杂语境和隐含意义时存在困难，而公文写作通常涉及复杂的语境和微妙的语义关系，AI 很容易产生误解，从而体现在公文内容中 |

| 公文的真实性和可信度受损 | → | AI 的模型训练数据可能不全面和错误，从而影响生成内容的准确性。这种不全面和错误可能会体现在公文中的观点、事实和逻辑上，从而导致公文的真实性和可信度受损 |

图 1-9　技术层面局限性的具体表现

目前，这种技术层面的局限性只能靠 AI 系统和技术的不断升级与优化来解决。当然，撰写者也可以开发专属的 AI 系统，并在训练模型的过程中提供高质量、多样化的训练数据，以避免容易出现的问题。

1.3.2　内容层面的缺陷性

得益于迅猛发展的人工智能技术，撰写者可以享受 AI 带来的公文写作便利。但是，AI 并不能主动地写作公文，它需要撰写者提供指令后才能进行生成，因此指令也是影响公文质量的重要因素之一。如果提供的指令不能完整、清晰地说明撰写者的需求，那么 AI 生成的公文内容也会存在缺陷。

例如，不同种类的公文有其单独的行文和格式要求，而不同的部门和领导也可能会有不同的标准，如果撰写者在指令中没有进行说明，那么 AI 生成的公文内容也就不会符合这些规范。

因此，撰写者在编辑和输入指令时，要尽量提高指令的准确性和完整性，以确保

AI 能够获取足够的信息来生成准确的公文。同时，撰写者也要加强信息审核和完善校对机制，避免输入错误或误导性的信息。

1.3.3　应用层面的风险性

　　使用 AI 来写作公文，在带来更多便利的同时，也存在着不可避免的风险。总的来说，AI 公文写作在应用层面上的风险性表现在法律的合规性和信息的安全性两个方面，具体如图 1-10 所示。

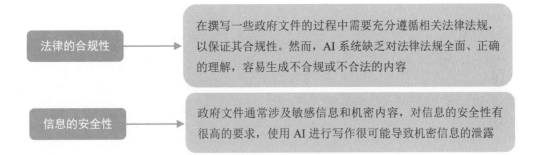

图 1-10　应用层面风险性的具体表现

　　针对这些问题，撰写者要在遵守保密原则的前提下，尽可能地提供更丰富的信息，让 AI 生成质量更高的公文。另外，撰写者也要对 AI 生成的内容进行法律审查和评估，以确保内容的合规性和合法性。

1.4　让 AI 写作公文

　　了解了 AI 公文写作的基础知识和存在的问题后，撰写者还需要掌握让 AI 写作公文的方法，这样才能真正享受到人工智能带来的便利。需要注意的是，AI 公文写作一般是指生成公文的标题、主送机关、正文内容、附件说明和落款，其他内容和公文的格式暂时不能依靠 AI 来完成。本节以文心一言为例，介绍让 AI 写作公文的两种方法，撰写者可以根据自己的需求进行选择。

1.4.1　举例让 AI 写作公文

　　如果撰写者并不了解要写作的公文，也不知道如何让 AI 生成自己需要的内容，可以通过举例的方式，在同一个对话窗口中，先让 AI 了解和总结公文的格式和要素，并生成一个写作模板，然后提供相关信息让 AI 进行写作，最后对 AI 写出的公文提出修改意见，让 AI 进行修改。下面介绍具体的操作方法。

步骤 01 在文心一言中输入指令，按 Enter 键发送，让 AI 根据提供的范文进行总结，相关指令和回复内容如下。

 提问

我将提供一篇批复的范文，请你根据范文总结出批复的格式和要素。

××省教育厅关于同意××大学设立新专业的批复

××大学：

你校《关于申请设立××专业的请示》(校字〔××××〕××号)已收悉。经省教育厅专家组评审及省教育厅党组会议研究，现就有关事项批复如下：

1．同意你校设立××专业，并将其纳入××年度招生计划。

2．请严格按照教育部及我省相关规定，做好新专业的招生、教学、管理等各项工作。要求你校加强新专业师资队伍建设，确保教学质量。

3．新专业的设立应服务于地方经济社会发展需要，希望贵校在新专业的建设与发展中，积极与地方企业、行业合作，共同培养高素质的应用型人才。

特此批复。

××省教育厅

××××年××月××日印发

文心一言

根据提供的批复范文，可以总结出批复的格式和要素如下：

格式：

1. 标题： 通常以"关于……(事项)的批复"为标题，明确指示批复的内容。

2. 主送单位： 即接受批复的单位或个人，在此例中为"××大学"。

3. 正文：

开头部分： 通常提及收到对方的请示或申请，并简要说明审查过程或依据。

主体部分： 详细列明批复的具体内容，如同意、否定或要求等。

结尾部分： 可以使用"特此批复"等语句结束正文。

4. 发文单位： 即发出批复的单位或个人，此例中为"××省教育厅"。

5. 日期： 批复的签发日期。

6. 印发： 有时在日期后会注明"印发"字样，但并非所有批复都包含此项。

要素：

1. 标题： 准确反映批复的内容。

2. 主送单位： 明确批复的接收者。

3. 收到请示或申请： 确认已收到对方的文件或请求。

4. 批复内容：

明确同意或否定的决定。

如有需要，可提出具体要求或建议。

强调遵守的法律法规或政策规定。

5. 发文单位：签署批复的单位名称。

6. 日期：批复的具体日期。

示例批复的结构：

1. 标题：关于……(事项)的批复

2. 主送单位：……(单位或个人)

3. 正文：

开头：提及收到对方的请示或申请，并简要说明审查过程或依据。

主体：具体批复内容，如同意决定、要求、建议等。

结尾：总结性语句，如"特此批复"。

4. 发文单位：……(单位名称)

5. 日期：……(具体日期)

6. 印发：(可选)

专家提醒

　　关于文心一言和其他AI写作工具的使用方法，在本书的第2章进行了介绍，如果是第一次接触这些工具的撰写者，可以先学习使用方法，再进行生成的操作。

步骤02 在同一个对话窗口中，输入并发送指令，让文心一言生成一个批复的写作模板，相关指令和回复内容如下。

 提问

请根据提供的范文和前面总结的格式与要素，生成一个批复的写作模板，要求：要素齐全，格式规范。

文心一言

批复写作模板

[发文单位名称]关于[批复事项]的批复

[主送单位名称]：

你单位《关于[请示事项]的请示》([文件编号])已收悉。经[审查机构或部门]研究，现就有关事项批复如下：

一、[同意/不同意]你单位[请示的具体事项]，并[如有需要，补充具体说明或要求]。

二、请[主送单位]严格按照[相关法律法规、政策文件或指导意见]执行，确保[具体工作或活动]的顺利进行。要求你单位[如有需要，提出具体工作要求或建议]。

三、希望[主送单位]在[相关工作或活动]中，能够[提出期望或建议，如加强合作、注重质量等]。

特此批复。

[发文单位名称]

[日期]印发

注意：在使用此模板时，请根据实际情况填写相应内容，确保批复的针对性和实用性。同时，注意保持格式规范，符合公文写作的要求。

步骤 03 继续输入并发送指令，让文心一言根据模板和提供的信息生成公文的初稿，相关指令和回复内容如下。

 提问

请根据以下提供的信息，套用写作模板生成一篇批复。

C 公司设计部的小刘由于表现出色、业绩突出，得到了晋升设计师的机会，设计部向人事部提交了员工晋升的请示，C 公司的人事部对此进行了批复，同意了员工晋升的申请。

文心一言

关于 C 公司设计部员工晋升申请的批复

C 公司设计部：

你部门提交的关于员工小刘晋升设计师的请示已收悉。经过人事部对小刘同志在设计部工作期间的业绩和表现的综合评估，现做出如下批复：

一、经核实，小刘同志在设计部工作期间，表现出色、业绩突出，对部门及公司的发展做出了积极贡献。其设计作品多次获得客户好评，为公司赢得了良好的声誉。

二、根据公司的晋升制度及员工表现，人事部同意你部门关于小刘同志晋升设计师的申请。请设计部按照公司相关规定，办理晋升手续，确保晋升过程的规范性和公正性。

三、希望小刘同志在新的岗位上继续努力，不断提高自身能力和业务水平，为公司的发展做出更大的贡献。同时，也希望设计部继续加强员工培训和激励，为公司培养更多优秀人才。

特此批复。

C 公司人事部

××××年××月××日

步骤 04 撰写者可以根据公文初稿的情况，将修改要求作为指令发送，让 AI 对公文初稿进行优化，相关指令和回复内容如下。

 提问

请在保持格式与信息不变的前提下，调整语气，使其不要太生硬

 文心一言

关于 C 公司设计部员工晋升申请的批复

C 公司设计部：

贵部门提交的关于员工小刘晋升设计师的请示，我们已经仔细审阅。经过人事部对小刘同志在设计部工作期间业绩和表现的全面评估，现就此次晋升事宜给予如下积极反馈：

一、经过深入了解和审查，我们对小刘同志在设计部的工作表现表示赞赏。他凭借出色的才华和突出的业绩，赢得了客户的高度认可，为公司树立了良好的形象。

二、基于小刘同志的优异表现及公司的晋升制度，我们欣然同意贵部门关于小刘同志晋升设计

师的申请。请贵部门按照公司相关规定，妥善办理晋升手续，确保整个过程的规范与公正。

三、我们期待小刘同志在新的岗位上继续发挥才华，不断提升个人能力和业务水平，为公司的发展贡献更多力量。同时，我们也希望设计部能够持续加强员工培训与激励工作，为公司培养更多优秀人才。

衷心感谢贵部门对此次晋升工作的支持与配合。

C公司人事部

××××年××月××日

专家提醒

　　撰写者首先要找出公文中存在的问题，再通过指令将这些问题和对公文的要求反馈给AI，让AI对公文进行修改。当然，撰写者可以让AI进行修改，也可以手动进行修改。

1.4.2　直接让 AI 写作公文

扫码看视频

如果撰写者对要写作的公文比较了解，可以直接将公文的格式和要素提供给 AI，让 AI 先试写一篇公文，如果无误，就可以正式写作需要的公文了。在正式写作时，撰写者可以将相关信息和写作要求提供给 AI，以保证生成的公文满足需求。下面介绍具体的操作方法。

步骤 01　在文心一言的主页中输入并发送指令，让文心一言根据公文的格式和要素写一篇范文，相关指令和回复内容如下。

 提问

我将向你提供函这类公文的格式和基本要素，请你仔细了解后，根据这些内容写作一篇范文，写作时不要将格式写明。

1. 标题：明确指出文档的性质或目的，一般为"××(发函单位)关于××(事项)的函"或"关于××(事项)的函"。

2. 收件人：列出受函单位或个人，后面加冒号。

3. 正文

(1) 引言：简要介绍函件的背景或目的。

(2) 具体内容：详细说明事项。

(3) 行动号召：对收件人的具体要求或期待行动。

4. 结语：简洁地结束正文内容，如"此函"等。

5. 签名：发函单位或个人的签名。

6. 日期：函件的发布或写作日期，表明函件的时效性。

7. 附件说明：如果函件中提到了附件，应在文末注明附件内容。

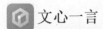
文心一言

关于申请联合开展社区文化活动的函
尊敬的[收件人单位名称]:
我们[发函单位名称]一直致力于推动社区文化的繁荣与发展，近期计划在本社区内开展一系列丰富多彩的文化活动。鉴于贵单位在文化艺术领域的深厚底蕴和广泛影响力，我们诚挚地邀请贵单位与我们联合开展此次社区文化活动。
本次社区文化活动的主题为"共享文化，共筑和谐"，旨在通过艺术展览、文化讲座、互动体验等形式，增强社区居民对本土文化的认同感和归属感，同时促进不同文化间的交流与融合。我们相信，贵单位的参与将为活动增添更多亮点，共同打造一场精彩纷呈的文化盛宴。
在此，我们恳请贵单位能就联合开展社区文化活动的事宜，与我们进行深入沟通和协商。我们期待与贵单位共同探讨活动方案，确定活动内容和时间节点，以确保活动的顺利举行。同时，我们也希望贵单位能够派出文化艺术专家参与活动的策划与实施，为活动提供专业的指导和支持。
我们深知贵单位的工作繁忙，但相信贵单位对社区文化事业的支持与贡献将会得到社区居民的广泛赞誉和认可。我们期待贵单位的积极回应，并愿意就具体事宜进行进一步的沟通和协商。
此函。

[发函单位负责人姓名]
[发函单位名称]
[日期]
附件：社区文化活动初步方案

步骤02 在 AI 了解了公文的格式和要素后，就可以向它提供公文的内容和要求，让它进行写作，相关指令和回复内容如下。

 提问

请用上面提供的函的格式和要素，根据下面的信息，写作一封商洽函，要求：要素齐全，格式规范，分点列项地进行介绍。
Q 市的文化艺术中心想要举办一场以"唐朝风华"为主题的文化交流活动，需要向 Q 市的××博物馆发出一封商洽函，邀请该博物馆共同参与活动的筹备和实施。

文心一言

Q 市文化艺术中心关于商洽"唐朝风华"主题文化交流活动的函
Q 市××博物馆：
为传承和弘扬中华优秀传统文化，我中心计划于近期举办一场以"唐朝风华"为主题的文化交流活动。鉴于贵馆在唐朝文物收藏及研究方面有着丰富的资源和经验，我们诚挚邀请贵馆共同参与本次活动的筹备和实施。
一、活动背景：本次活动旨在通过展览、讲座、互动体验等形式，展现唐朝文化的独特魅力，增进公众对唐朝文化的了解和认同。

二、**合作内容：**我们期望与贵馆在以下方面展开合作：

1. 提供与唐朝相关的文物展品支持；

2. 协助策划和组织相关讲座和活动；

3. 共享资源，共同宣传推广本次活动。

三、**合作方式：**具体合作细节和方式，我们将与贵馆进一步沟通和协商，以确保活动的顺利举行。

我们衷心期待贵馆的积极参与和宝贵意见，共同打造一场高水平的文化交流活动。请贵馆在收到此函后，尽快回复并告知合作意向。

此函。

Q市文化艺术中心

[日期]

第 2 章

工具：AI 写作平台实操

学前提示

在让 AI 写作公文之前，撰写者需要了解并熟悉常见的 AI 写作工具，掌握它们的基础操作，并深入学习一些工具的进阶用法，以便更轻松、更灵活地运用这些工具。本章主要介绍 5 个 AI 写作工具的基础操作，以及 Kimi 和文心一言这两个工具的使用方法。

要点提示

▶ 认识五个 AI 写作工具。

▶ 掌握 Kimi 的使用方法。

▶ 掌握文心一言的使用方法。

2.1 认识五个 AI 写作工具

随着人工智能技术的不断发展和普及，越来越多的 AI 写作工具涌现出来，为人们的生活和工作提供便利。本节选取了五个常见的 AI 写作工具，并按照搜索网站、注册登录和写作实操的顺序对它们进行介绍，以帮助撰写者掌握这些工具的基本用法。

扫码看视频

2.1.1 Kimi

Kimi 是一款基于人工智能技术的平台，旨在提供智能化的解决方案来提升工作效率和用户体验。它运用自然语言处理、机器学习和自动化技术，实现自动化任务、智能建议和个性化服务，帮助用户更高效地完成公文写作任务和提升公文写作效率。下面介绍 Kimi 的基本用法。

步骤 01 在浏览器的搜索框中输入"Kimi"并进行搜索，在"网页"选项卡中单击 Kimi 官网的对应链接，如图 2-1 所示，进入 Kimi 首页。

图 2-1 单击 Kimi 官网的对应链接

步骤 02 在首页左侧的工具栏中单击"登录"按钮，如图 2-2 所示。

步骤 03 弹出登录对话框，如图 2-3 所示，撰写者可以选择获取手机验证码或微信扫码的方式来完成登录。

专家提醒

Kimi不需要撰写者专门注册账号，在完成登录后，撰写者即拥有了专属的Kimi账号。

步骤 04　在输入框中输入指令，单击输入框右侧的 ➤ 按钮或按 Enter 键，将指令发送，即可获得 Kimi 生成的写作模板，相关指令和回复内容如下。

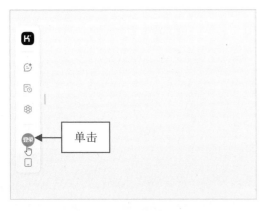

图 2-2　单击"登录"按钮　　　　　　　图 2-3　登录对话框

提问

请生成一个通知公文的写作模板。

Kimi

当然可以。下面是一个通用的通知公文模板，您可以根据具体情况进行调整：

[单位名称]

通知

文号：[文号]

发文日期：[发文日期]

尊敬的**[收文对象]**：

根据[上级单位或相关文件要求]，现就[具体事项]通知如下：

一、[事项一的详细说明]

 -[具体内容1]

 -[具体内容2]

二、[事项二的详细说明]

 -[具体内容1]

 -[具体内容2]

请[相关单位或人员]务必于[具体时间]前完成[相关任务或要求]，并确保[具体标准或要求]。

特此通知。

附件：[如有附件，在此列出附件名称]

[单位名称]

[部门名称]

[联系人]

[联系电话]

请根据实际情况填写相应的内容，如单位名称、文号、发文日期、收文对象、上级单位或相关文件要求、具体事项、相关单位或人员、具体时间、相关任务或要求、具体标准或要求等。如果需要添加附件，也请在附件部分列出附件名称。

专家提醒

　　大部分AI写作工具生成的内容都具有一定的随机性，即便使用相同的指令，生成的内容也会有一些差异。用户在使用Kimi等工具生成公文时，可以使用相同的指令进行多次生成，然后选择其中相对合适的公文进行后续操作。

2.1.2　文心一言

　　文心一言是由百度研发的知识增强大语言模型，它能够与人进行对话互动，回答问题并协助创作，从而高效、便捷地帮助人们获取信息、知识和灵感。下面介绍文心一言的基本用法。

扫码看视频

步骤 01 在浏览器中输入并搜索"文心一言"，在"网页"选项卡中，单击文心一言广告板块中的"体验文心一言"按钮，如图 2-4 所示，即可进入文心一言的首页。

图 2-4　单击"体验文心一言"按钮

专家提醒

　　由于文心一言是百度旗下的产品，因此在百度浏览器中进行搜索时，会出现专属的广告板块。如果撰写者使用其他的浏览器进行搜索，只需在搜索结果中单击对应的官网链接，即可进入文心一言的首页。

步骤 02 在首页的右上角单击"立即登录"按钮，如图 2-5 所示。

步骤 03 弹出登录对话框，如图 2-6 所示，如果撰写者有百度账号，可以通过扫码、百度账号和手机短信等方式进行登录；如果没有百度账号，就只能以手机短信的方式登录，在登录的同时创建百度账号。

图 2-5　单击"立即登录"按钮

图 2-6　登录对话框

步骤 04 登录完成后，返回文心一言的首页，在输入框中输入指令，单击 按钮或按 Enter 键将其发送，即可获得文心一言生成的写作模板，相关指令和回复内容如下。

 提问

请生成一个请示公文的写作模板。

 文心一言

请示公文写作模板
标题：关于[具体事项]的请示

主送单位：[接收此请示的单位或部门名称]

正文：

一、背景与理由

[简述提出请示的背景，包括当前工作的进展情况、遇到的问题或困难，以及为何要提出此请示。]

二、请示事项

[具体事项一]

[详细描述该事项的内容、目的、预期效果等。]

[具体事项二]

[同样详细描述该事项的内容、目的、预期效果等。]

[如有更多事项，可继续列出]

三、解决方案与建议

[针对请示事项，提出相应的解决方案或建议，包括可行性分析、实施步骤、预期效果等。]

四、需协调与支持事项

[列出在实施过程中需要协调的部门或单位，以及需要得到的支持或资源。]

五、请示意见

[表达希望得到主送单位对请示事项的明确意见或指示，如批准、不批准、修改后重新提交等。]

附件：

[如有必要，可列出相关附件，如调研报告、数据表格、图表等。]

落款：

[发文单位名称]

[发文日期]

联系人及联系方式：

[联系人姓名]

[联系电话]

[电子邮箱]

注意事项：

请示公文应明确、具体，避免含糊不清或过于笼统。

在提出请示事项时，应充分说明其必要性和紧迫性。

解决方案与建议应切实可行，并考虑到实际操作中的问题和困难。

如有需要协调的部门或单位，应提前与其沟通，以确保工作的顺利进行。

在落款处应注明发文单位名称、发文日期，以及联系人和联系方式，以便主送单位能够及时回复或联系。

2.1.3 智谱清言

智谱清言是一个基于人工智能技术的大语言模型，它能够进行自然语言理解和生成，广泛应用于智能客服、智能问答、机器翻译、文本生成等领域。

扫码看视频

下面介绍智谱清言的基本用法。

步骤 01　在浏览器中输入并搜索"智谱清言"，在"网页"选项卡中，单击智谱清言官网的对应链接，如图 2-7 所示。

图 2-7　单击智谱清言官网的对应链接

步骤 02　执行操作后，即可进入智谱清言的官网，单击"立即体验"按钮，如图 2-8 所示。

图 2-8　单击"立即体验"按钮

步骤 03　执行操作后，进入智谱清言的首页，系统自动弹出智谱清言登录对话框，如图 2-9 所示，用户输入手机号码后，单击"获取验证码"按钮，将收到的验证码填入文本框中，选中"未注册手机号将自动注册。勾选即代表您阅读并同意《用户协议》与《隐私政策》"复选框，单击"登录"按钮，即可完成登录。

步骤 04　登录完成后，在智谱清言首页的输入框中输入指令，单击 ◀ 按钮或按 Enter 键将其发送，智谱清言会生成相应的写作模板，相关指令和回复内容如下。

图2-9　智谱清言登录对话框

提问

请生成一个命令(令)公文的写作模板。

智谱清言

命令(令)公文的写作模板如下：

【标题】

关于×××的命令(令)

【发文机关】

(发文机关全称)

【发文编号】

(年份)第×××号

【正文】

各省、自治区、直辖市(可根据实际情况添加具体范围)人民政府，国务院各部委、各直属机构：

鉴于×××(事件/情况)，为了×××(目的/意义)，现就有关事项命令如下：

一、×××(命令内容1)

二、×××(命令内容2)

三、×××(命令内容3)

四、×××(命令内容4)

五、×××(命令内容5)

六、×××(命令内容6)

(如有需要，可添加附件)

本命令自发布之日起生效。

特此命令。

【发文机关】

(发文机关全称)

(发文日期，如 2025 年 8 月 3 日)

【附件】

(如有附件，请在此处列出)

注意： 命令(令)适用于依照有关法律公布行政法规和规章；宣布施行重大强制性行政措施；嘉奖有关单位及人员；撤销下级机关不适当的决定。在撰写命令时，请根据实际情况调整上述模板内容。

2.1.4　秘塔写作猫

扫码看视频

秘塔写作猫是一款创意写作辅助工具，它通过提供主题生成、句子构建和故事情节梳理等功能，帮助用户激发灵感、解决写作难题，并提升写作效率。它提供各种创意启发工具和写作技巧，为用户提供专业的支持和指导。下面介绍秘塔写作猫的基本用法。

步骤 01 在浏览器中输入并搜索"秘塔写作猫"，在"网页"选项卡中，单击秘塔写作猫广告板块中的"立即使用"按钮，如图 2-10 所示。

图 2-10　单击"立即使用"按钮

专家提醒

以浏览器为例，如果平台官方在浏览器中投放了广告，那么撰写者在搜索时，搜索结果的顶部就会出现广告板块，撰写者可以直接通过该板块进入平台官网，从而节省了寻找正确官网链接的时间。

步骤 02 执行操作后，进入秘塔写作猫的首页，单击页面右上角的 按钮，如图 2-11 所示。

步骤 03 弹出"微信扫码登录"对话框，单击下方的"手机验证"按钮，如图 2-12 所示。

图 2-11 单击相应按钮　　　　　图 2-12 单击"手机验证"按钮

专家提醒

　　对于已经登录过秘塔写作猫的撰写者来说，可以通过微信扫码进行快速登录。而对于没有使用过秘塔写作猫的撰写者来说，如果通过微信扫码登录，还需要进行手机号的绑定操作，因此不如直接通过手机验证来完成账号的注册和登录更为方便。

步骤 04 进入"手机验证登录"对话框，如图 2-13 所示，撰写者根据页面提示完成操作，即可注册一个账号，并自动进行登录。

步骤 05 在"快速访问"板块单击"AI 写作"按钮，如图 2-14 所示。

图 2-13 进入"手机验证登录"对话框　　　图 2-14 单击"AI 写作"按钮

步骤 06 进入"选中 AI 模板，开始创作"页面，选择"方案报告"模板，如

图 2-15 所示。

图 2-15 选择"方案报告"模板

步骤 07 进入"方案报告"写作页面，在"标题"文本框中输入"函的写作模板"，设置"文章长度"为"短"，单击"下一步"按钮，如图 2-16 所示。

图 2-16 单击"下一步"按钮

步骤 08 执行操作后，即可让秘塔写作猫生成对应的写作模板，回复内容如下。

秘塔写作猫

函的写作模板

函是行政机关之间、单位之间商洽工作，询问和答复问题的一种文书。其写作格式一般是：标题、主送机关、正文、落款。

1. 标题： 由发文机关+事由+文种组成，如"关于×××的函"。

2. 主送机关： 一般为直接主管部门，也可以是上级领导机关。

3. 正文： 写明有关事项，如需要商洽的问题、意见，可以在正文之后另起一行写明 "为表示感谢，拟送×××一份" 等字样。

4. 落款： 署名和日期，是对函件内容的确认。署名可写在标题下方，也可以另起一行写在标题下第一个字的右下方，如 "×××办公室关于×××的函"。

2.1.5 ChatGPT

扫码看视频

ChatGPT 是一种基于人工智能技术的交互式语言模型，由 OpenAI 研发。它具有理解自然语言的能力，可以进行对话、回答问题、提供建议和创意等，旨在为用户提供多样化的语言交流体验和智能化的帮助。下面介绍 ChatGPT 的基本用法。

步骤 01 在浏览器中搜索 ChatGPT，在 "搜索" 选项卡中，单击 ChatGPT 官网的对应链接，如图 2-17 所示。

图 2-17　单击 ChatGPT 官网的对应链接

步骤 02 进入 ChatGPT 官网，单击 Start now(现在开始)按钮，如图 2-18 所示。

图 2-18　单击 Start now 按钮

步骤 03 进入 ChatGPT 首页，单击页面右上角的 "登录" 按钮，进入 "欢迎回来" 页面，如图 2-19 所示，用户输入相应的电子邮件地址和密码，即可完成登录，并返回 ChatGPT 首页。

专家提醒

　　如果撰写者没有ChatGPT的账号，可以在其首页的右上角单击"注册"按钮，进入"创建账户"页面，如图2-20所示，根据提示进行操作即可。

图2-19　"欢迎回来"页面　　　　　　图2-20　"创建账户"页面

步骤04 在首页的输入框中输入指令，单击❶按钮或按 Enter 键发送，ChatGPT会生成对应的公文写作模板，相关指令和回复内容如下。

 提问

请生成一个批复公文的写作模板。

⑤ ChatGPT

批复公文是一种正式的行政文件，用于回应下级机关、单位或个人的请求或报告。以下是一个批复公文的标准写作模板：

批复公文模板

[公文标题]

如"关于××事项的批复"

[发文单位]

单位名称，通常位于页眉或标题下方。

[文号]

发文单位的编码和年度序列号，位于标题下方。

[收文单位或个人名称]

公文的接收对象，详细列出其单位或个人名称，位于正文开头。

正文内容

1. 背景简介

　　简要说明接收的文件或请求的内容及其背景。

2. 批复意见

　　对所请求事项的批复决定，包括批准、部分批准或不批准，并给出相应的理由。

3. 执行或后续步骤

如有相关的执行措施或后续步骤，详细说明需要采取的行动。

[落款]

发文单位的全称和签发日期，通常位于公文底部。

[附件]

如有附件，需在文末注明附件内容和数量。

此模板适用于多种批复场景，用户可以根据具体需求进行适当的调整。

2.2　掌握 Kimi 的使用方法

Kimi 是由月之暗面科技有限公司开发的人工智能助手，擅长中英文对话，并能够提供安全、有帮助、准确的回答。在公文写作的过程中，Kimi 可以帮助撰写者理解公文的基本格式和结构，快速生成草稿，并提供反馈和改进建议，以提高公文写作的效率和质量。本节将介绍 Kimi 的使用方法，帮助撰写者掌握其操作技巧。

2.2.1　编辑回复内容

扫码看视频

Kimi 生成回复后，撰写者可以根据需要对回复内容进行编辑，包括复制、重新生成和分享等操作，下面介绍具体的操作方法。

步骤 01 在 Kimi 的输入框中输入指令，单击输入框右侧的 ➤ 按钮或按 Enter 键将指令发送，即可获得 Kimi 生成的反馈信息，相关指令和回复内容如下。

👤 提问

请介绍一下通知公文与通报公文的区别。

Ⓚ Kimi

通知公文和通报公文是两种常见的公文形式，它们在功能、内容和使用场合上有所区别：

1. 通知公文

- 功能：通知公文主要用于传达上级对下级的指示、要求，或者告知某些事项。

- 内容：通知的内容通常包括通知的事项、执行的具体要求、执行的时间和方式等。

- 使用场合：适用于需要下级单位或个人知晓并执行的事项，如工作安排、政策变动、活动通知等。

2. 通报公文

- 功能：通报公文主要用于对某一事件或情况的公开告知，可以是表彰、批评、情况说明等。

- 内容：通报的内容通常包括事件的基本情况、原因分析、处理结果或建议等。

- 使用场合：适用于需要公开告知的事项，如对先进个人或集体的表彰、对违规行为的批评、对突发事件的通报等。

两者的主要区别在于：

- 目的：通知公文的目的是要求执行或告知；而通报公文的目的是公开告知和传达信息。
- 对象：通知公文通常针对特定的接收对象，而通报公文则可能面向更广泛的群体。
- 形式：通知公文较为正式，需要明确执行要求；通报公文则更注重信息的公开和传达。

在实际工作中，应根据不同的需要选择合适的公文形式，以确保信息的有效传达和执行。

步骤 02 在回复的下方单击"复制"按钮，如图 2-21 所示，即可复制回复内容。撰写者可以将其粘贴至 Word 或记事本等文本编辑工具中，进行调整和修改。

步骤 03 在回复的下方单击"再试一次"按钮，如图 2-22 所示。

步骤 04 执行操作后，Kimi 会根据同一个指令重新生成回复，相关指令和回复内容如下。

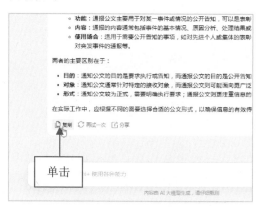

图 2-21 单击"复制"按钮

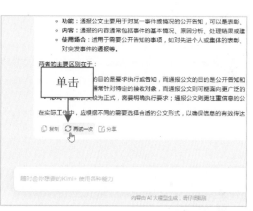

图 2-22 单击"再试一次"按钮

提问

请介绍一下通知公文与通报公文的区别。

Kimi

通知公文和通报公文都是常见的公文形式，它们在政府机关、企事业单位等组织中广泛使用。以下是它们的主要区别。

1. 目的不同：

- 通知：通知公文主要用于传达上级机关或领导的决策、指示、要求等，要求下级机关或相关人员执行或知晓。

- 通报：通报公文则主要用于通报有关情况、事件、经验、教训等，以供相关人员了解、参考或借鉴。

2. 内容不同：

- 通知：通知的内容通常包括具体事项、执行要求、时间节点等，需要明确、具体。

- 通报：通报的内容则更侧重于信息的传递，可能包括事件的经过、影响、处理结果等。

3. 形式不同：

- 通知：通知公文通常有明确的格式，包括标题、正文、落款等，格式较为固定。
- 通报：通报公文则相对灵活，可以根据需要调整内容和格式。

4. 对象不同：

- 通知：通知通常针对特定的接收对象，如某个部门、团队或个人。
- 通报：通报则可能面向更广泛的对象，如所有员工、公众等。

5. 时效性不同：

- 通知：通知往往具有时效性，要求接收者在规定时间内执行或响应。
- 通报：通报则可能更注重信息的传递，不一定要求立即响应。

6. 权威性不同：

- 通知：通知通常具有较高的权威性，因为它传达的是上级的决策和指示。
- 通报：通报则更多的是信息的共享，权威性相对较低。

7. 使用场合不同：

- 通知：通知适用于需要明确传达指令或要求的场合。
- 通报：通报适用于需要广泛传递信息、分享经验教训的场合。

两者虽然在形式和功能上有所不同，但都是组织内部沟通和管理的重要工具。

专家提醒

在Kimi中，撰写者单击"再试一次"按钮后，之前生成的回复并不会被保存，而是直接被新的回复所替换。因此，撰写者在单击"再试一次"按钮之前，最好先确定是否还需要之前生成的回复，或者先将其复制一份进行备份。

步骤05 在重新生成的回复下方单击"分享"按钮，如图 2-23 所示。

步骤06 执行操作后，Kimi 自动选中发送的指令和重新生成的回复，并弹出分享工具栏，如图 2-24 所示，撰写者可以选择以链接、文本或图片的形式进行分享。

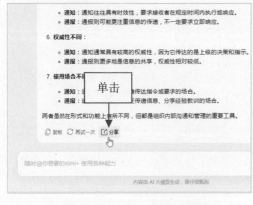

图 2-23　单击"分享"按钮

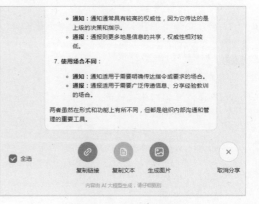

图 2-24　分享工具栏

2.2.2 设置常用语

在 Kimi 中，撰写者可以将一些经常使用的语句设置为常用语，从而生成自己的指令模板。后续在输入指令时，可以通过唤醒词来快速调用这些常用语，从而节省输入的时间，下面介绍具体的操作方法。

步骤 01 在 Kimi 首页的输入框右侧单击 ⬡ 按钮，如图 2-25 所示。

图 2-25 单击相应按钮

步骤 02 弹出"常用语"对话框，选择"添加常用语"选项，如图 2-26 所示。

图 2-26 选择"添加常用语"选项

步骤 03 弹出"添加常用语"对话框，输入常用语，然后单击输入框右下角的"自定义"按钮，如图 2-27 所示。

步骤 04 在弹出的文本框中输入唤醒词，如图 2-28 所示，单击"完成"按钮，设置唤醒词，单击"添加"按钮，即可添加该常用语。

步骤 05 返回 Kimi 首页，单击 ✕ 按钮，关闭"常用语"对话框。在输入框中输入唤醒词，输入框的下方会弹出"常用语"对话框，其中显示了对应的常用语，选择该常用语，如图 2-29 所示。

图 2-27　单击"自定义"按钮

图 2-28　输入唤醒词

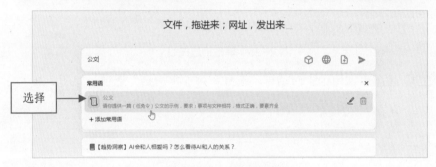

图 2-29　选择常用语

步骤 06　执行操作后，即可将常用语的内容填入输入框中，对括号中的内容进行修改，按 Enter 键发送，即可获得 Kimi 生成的公文示例，相关指令和回复内容如下。

提问

请你提供一篇(表彰性通报)公文的示例，要求：事项与文种相符，格式正确，要素齐全。

K Kimi

当然可以，以下是一篇表彰性通报的示例：

[单位名称]

表彰性通报

文号：[编号]

发布日期：2024 年 9 月 4 日

根据[单位名称]的相关规定，经过[单位名称]党委(或行政)会议研究，决定对以下个人(集体)进行表彰：

一、表彰对象

1. [表彰对象姓名或集体名称]，因其在[具体事项]中表现突出，贡献显著，特此表彰。

2. [表彰对象姓名或集体名称]，因其在[具体事项]中发挥了重要作用，为[单位名称]的发展做出了积极贡献，特此表彰。

二、表彰理由

[表彰对象姓名或集体名称]在[具体事项]中，展现出了高度的责任感和使命感，克服了[困难或挑战]，取得了[具体成就]。他们的行为和成就不仅为[单位名称]赢得了荣誉，也为全体员工树立了良好的榜样。

三、表彰决定

1. 授予[表彰对象姓名或集体名称] "[荣誉称号]" 称号，并颁发荣誉证书。

2. 对[表彰对象姓名或集体名称]给予物质奖励，以资鼓励。

3. 号召全体员工向[表彰对象姓名或集体名称]学习，发扬[优良传统或精神]，为[单位名称]的发展贡献力量。

四、其他事项

本通报自发布之日起生效，由[单位名称]负责解释。

[单位名称]

[单位领导签字]

[日期]

请注意，这只是一个示例，实际的表彰性通报需要根据具体情况和单位的规定来编写。表彰性通报通常包括表彰对象、表彰理由、表彰决定及其他相关事项，格式要正确、规范。

2.2.3　体验 "Kimi+" 功能

"Kimi+" 是为了满足用户个性化的需求而推出的定制化的 Kimi 模型，它可以提供更加精准和专业的服务体验，帮助撰写者更高效地完成特定任务，下面介绍具体的操作方法。

扫码看视频

步骤 01　在 Kimi 首页左侧的工具栏中，单击 Kimi+按钮 ✦，如图 2-30 所示。

步骤 02　进入 Kimi+页面，在 "辅助写作" 选项区中选择 "公文笔杆子" 选项，如图 2-31 所示。

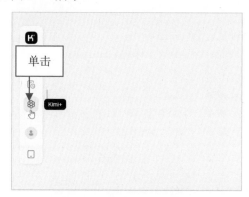

图 2-30　单击 Kimi+按钮

图 2-31　选择 "公文笔杆子" 选项

步骤 03 执行操作后，即可启用该模型，并进入"和公文笔杆子的会话"页面，在提供的三条指令示例中任选一个，如图 2-32 所示。

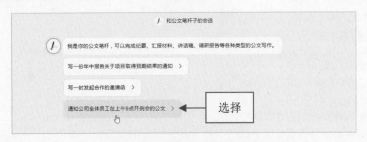

图 2-32　选择一条指令示例

步骤 04 执行操作后，即可发送选择的指令，从而获得需要的公文，相关指令和回复内容如下。

提问

通知公司全体员工在上午 9 点开例会的公文。

公文笔杆子

根据您提供的信息，下面是一个通知全体员工参加上午 9 点例会的公文示例：

公司全体员工会议通知

公司各部门、全体员工：

根据公司工作安排和计划，定于××月××日(星期×)上午 9:00，在公司会议室召开全体员工会议。现将有关事项通知如下：

一、会议时间：××月××日(星期×)，上午 9:00。

二、会议地点：公司会议室。

三、参会人员：公司全体员工。

四、会议内容：

1. 各部门工作汇报；

2. 公司近期工作安排及目标；

3. 其他需要讨论的事项。

五、注意事项：

1. 请各部门负责人确保本部门员工准时参加会议；

2. 请参会人员提前 5 分钟到场，并做好会议记录准备；

3. 如有特殊情况不能参加，请提前向人力资源部报备。

请全体员工高度重视此次会议，确保会议的顺利进行。感谢大家的配合与支持。

特此通知。

公司名称

人力资源部

发布日期：××××年×月×日

请根据实际情况调整上述模板中的日期、时间和具体内容。

2.2.4 编辑历史会话

撰写者与 Kimi 进行的会话都会被保存下来，撰写者可以随时对这些会话进行编辑，包括重命名和删除等操作，下面介绍具体的操作方法。

步骤 01 在 Kimi 首页左侧的工具栏中单击"历史会话"按钮，如图 2-33 所示，即可进入"历史会话"页面。

步骤 02 将鼠标指针移至要编辑的会话上，在右侧显示的工具栏中单击 ✎ 按钮，如图 2-34 所示。

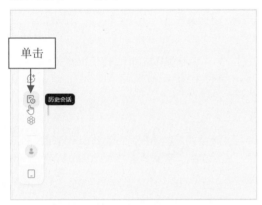

图 2-33　单击"历史会话"按钮

图 2-34　单击相应按钮

步骤 03 弹出"修改名称"对话框，输入会话名称，单击"确认"按钮，如图 2-35 所示，即可完成重命名操作。

步骤 04 在会话右侧显示的工具栏中单击 🗑 按钮，弹出"永久删除会话"对话框，如图 2-36 所示，单击"确认"按钮，即可将会话永久删除。

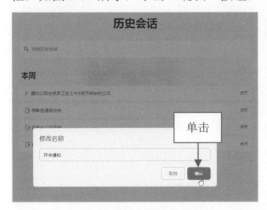

图 2-35　单击"确认"按钮

图 2-36　"永久删除会话"对话框

2.3 掌握文心一言的使用方法

文心一言的页面布局非常合理，基本操作都可以在一个页面中完成。本节主要介绍文心一言的使用方法，包括重新生成回复、收藏和调用指令模板、体验插件功能和管理对话记录等。

扫码看视频

2.3.1 重新生成回复

如果撰写者对文心一言生成的内容不太满意，可以单击"重新生成"按钮让其重新生成回复，具体操作方法如下。

步骤 01 在文心一言首页的输入框中输入指令，单击 ⬆ 按钮或按 Enter 键将其发送，即可获得文心一言生成的回复，相关指令和回复内容如下。

提问

请帮我写一篇×市环境保护部门关于治理某一地区水污染情况的通报，主要介绍治理工作的进展情况、取得的成效和存在的问题等内容，要求：格式正确，要素齐全。

文心一言

×市环境保护部门关于治理××地区水污染情况的通报

一、引言

为深入贯彻落实国家环境保护政策，切实改善我市水环境质量，我市环境保护部门针对××地区水污染问题，采取了一系列有力措施进行治理。现将××地区水污染治理工作的进展情况、取得的成效及存在的问题通报如下：

二、治理工作进展情况

(一)制定治理方案。我部门组织专家团队对××地区水污染情况进行了深入调研，并根据调研结果制定了详细的治理方案。方案明确了治理目标、治理措施、责任分工及时间表等关键要素，为治理工作的顺利开展奠定了基础。

(二)实施源头控制。加强对工业企业的监管，严格执行污染物排放标准，对超标排放企业依法进行处罚。推广清洁生产技术，鼓励企业采用环保型生产设备和工艺，以减少污染物的产生。加强农业面源污染治理，推广生态农业，减少化肥、农药的使用量。

(三)加强污水处理设施建设。加快污水处理厂的建设进度，提高污水处理能力。对已建成的污水处理厂进行升级改造，提高污水处理效率。加强污水管网建设，提高污水收集率。

(四)强化水环境监管。建立健全水环境监测网络，实时掌握水质变化情况。加强执法力度，对违法排污行为进行严厉打击。开展水环境宣传教育，提高公众的环保意识。

三、取得的成效

经过一段时间的治理，××地区水污染情况得到了明显改善。

(一)水质指标显著提升。监测数据显示，××地区主要河流、湖泊的水质指标均达到或优于国家标准，水生态环境得到了有效改善。

(二)污染物排放量大幅下降。通过加强源头控制，工业企业、农业面源等污染源的污染物排放量大幅下降，有效减轻了水环境的压力。

(三)公众环保意识提高。通过宣传教育活动的开展，公众的环保意识得到提高，形成了人人参与水环境保护的良好氛围。

四、存在的问题

(一)部分污染源治理难度较大。部分工业企业由于技术、资金等原因，治理难度较大，需进一步加大政策支持力度。

(二)基础设施建设仍有不足。部分地区的污水管网建设尚不完善，导致污水收集率不高，影响了污水处理效果。

(三)监管执法力度有待加强。部分地区监管执法力度不足，违法排污行为时有发生，需进一步加大执法力度。

五、下一步工作计划

(一)持续加强源头控制。继续加大对企业、农业面源等污染源的监管力度，推动清洁生产技术的推广和应用。

(二)完善基础设施建设。加快污水管网建设进度，提高污水收集率；对已建成的污水处理厂进行升级改造，提高污水处理效率。

(三)强化监管执法。加大执法力度，对违法排污行为进行严厉打击；加强部门协作，形成合力，共同推进水污染治理工作。

(四)加强宣传教育。继续开展水环境宣传教育活动，提高公众的环保意识；鼓励公众参与水环境保护和监督工作。

六、结语

我部门将继续努力，推动××地区水污染治理工作取得更大成效。同时，也呼吁广大市民积极参与水环境保护工作，共同守护美好家园。

×市环境保护部门

[日期]

步骤02 在生成的回复下方，单击"重新生成"按钮，如图2-37所示。

步骤03 执行操作后，文心一言可以根据同一段指令再次生成回复，相关指令和回复内容如下。

图2-37 单击"重新生成"按钮

提问

请帮我写一篇×市环境保护部门关于治理某一地区水污染情况的通报，主要介绍治理工作的进展情况、取得的成效和存在的问题等内容，要求：格式正确，要素齐全。

文心一言

×市环境保护部门关于治理某一地区水污染情况的通报

一、引言

为深入贯彻党中央、国务院关于生态文明建设和生态环境保护的决策部署，落实"绿水青山就是金山银山"的发展理念，×市环境保护部门针对某一地区的水污染问题，积极开展了一系列治理工作。现将治理工作的进展情况、取得的成效及存在的问题通报如下：

二、治理工作进展情况

(一)加强组织领导，明确责任分工。×市环境保护部门成立了水污染治理工作领导小组，明确了各成员单位的职责分工，形成了上下联动、齐抓共管的工作格局。同时，制定了详细的工作计划和时间表，确保治理工作有序推进。

(二)全面排查污染源，制定治理方案。通过现场勘查、监测分析等手段，全面排查了该地区的水污染源，主要有工业废水、生活污水、农业面源污染等。针对不同类型的污染源，制定了相应的治理方案，并明确了治理措施和时间节点。

(三)加大投入力度，推进设施建设。为确保治理工作取得实效，×市环境保护部门积极争取中央和省级环保专项资金支持，同时整合市级财政资源，加大了对治理设施建设的投入力度。目前，已建成一批污水处理设施、垃圾转运站等基础设施，有效提升了污染治理能力。

(四)加强监管执法，严厉打击违法行为。×市环境保护部门加强了对污染治理工作的监管执法力度，对违法排污行为进行了严厉打击。同时，建立了环保违法行为举报奖励制度，鼓励公众参与环保监督，形成了全社会共同参与环境保护的良好氛围。

三、取得的成效

(一)水质明显改善。经过一段时间的治理，该地区的水质得到了明显改善。监测数据显示，主要污染物的浓度均有所下降，水质稳定达到或优于国家相关标准。

(二)生态环境得到恢复。随着水质的改善，该地区的生态环境也得到了恢复。水体自净能力增强，水生生物种群数量增加，生态多样性得到了有效保护。

(三)群众满意度提升。随着治理工作的推进，让群众切实感受到了生态环境的改善。群众对环保工作的满意度显著提升，对美好生活的期待更加强烈。

四、存在的问题

(一)部分治理设施运行效率不高。受技术水平有限、设备老化等因素影响，部分治理设施的运行效率不高，影响了污染治理效果。下一步，将加强对治理设施的维护和管理，提升其运行效率。

(二)部分企业环保意识不强。部分企业在生产过程中仍存在违法排污行为，环保意识不强。下一步，将加强宣传教育，提高企业环保意识，同时加大执法力度，对违法排污行为进行严厉打击。

五、结语

×市环境保护部门将继续加大水污染治理工作力度，确保治理工作取得更大成效。同时，呼吁广大市民积极参与环保行动，共同维护美好的生态环境。

×市环境保护部门

××××年××月××日

专家提醒

当文心一言重新生成回复后，撰写者可以在回复内容的下方单击"更好""更差"或"差不多"按钮，对两次回复进行对比评价；还可以单击回复右侧的 ‹ 2/2 › 按钮，切换查看之前的回复内容。

在回复内容的下方，除了"重新生成"按钮之外，还提供了一些其他按钮，以满足撰写者的需求，下面介绍各个按钮的功能。

- ‹ 按钮：可以将生成的回复通过链接的方式分享出去。
- "复制成Markdown"按钮 ：Markdown是一种轻量级的标记语言，它允许撰写者使用易读易写的纯文本格式编写文档，并通过一些简单的标记语法来实现文本的格式化。单击该按钮，可以将回复内容转变成Markdown格式并复制一份。
- "复制内容"按钮 ：单击该按钮，即可复制AI回复的内容。
- 按钮和 按钮：这两个按钮都代表了撰写者对回复的反馈。单击 按钮表示撰写者对回复持满意、赞许的态度；而单击 按钮则表示撰写者不满意或不喜欢生成的回复。通过提供反馈，可以让AI生成更能满足撰写者需求的回复。

2.3.2　收藏和调用指令模板

撰写者可以在文心一言的"一言百宝箱"对话框中收藏一些指令模板，这样在需要时，使用"/(正斜杠)"符号或单击"指令"按钮即可调用这些指令模板，具体操作方法如下。

扫码看视频

步骤 01　在文心一言主页左侧的导航栏中单击"百宝箱"按钮，如图 2-38 所示。

图 2-38　单击"百宝箱"按钮

步骤 02　弹出"一言百宝箱"对话框，切换至"场景"|"职场效率"选项卡，

单击"制定规则制度"指令模板右上角的 ☆ 按钮，如图 2-39 所示，即可将其收藏。

图 2-39　单击相应按钮

步骤 03 关闭"一言百宝箱"对话框，在输入框的上方单击"指令"按钮，如图 2-40 所示。

图 2-40　单击"指令"按钮

步骤 04 在弹出的面板中切换至"我收藏的"选项卡，选择收藏的指令模板，如图 2-41 所示，即可在输入框中自动填入所选的指令模板。

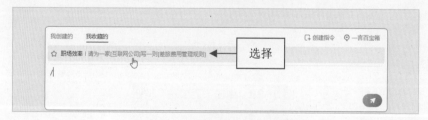

图 2-41　选择收藏的指令模板

步骤05 单击 按钮或按 Enter 键将其发送，即可获得文心一言生成的回复，相关指令和回复内容如下。

 提问

请为一家[互联网公司]写一则[差旅费用管理规则]。

文心一言

互联网公司差旅费用管理规则

一、总则

1.1 为规范公司员工的差旅费用管理，确保费用支出的合理性和合规性，特制定本规则。

1.2 本规则适用于公司全体员工，包括正式员工、实习生及临时员工等。

1.3 差旅费用包括但不限于交通费、住宿费、餐饮费等。

二、差旅申请与审批

2.1 员工在出差前，应填写《出差申请单》，详细列明出差目的、时间、地点、预计费用等信息，并提交给直属上级审批。

2.2 直属上级应在收到《出差申请单》后一个工作日内完成审批，并将审批结果告知员工。对于特殊情况需延期审批的，应及时与员工沟通并说明原因。

2.3 员工在获得审批后，方可出差。未经审批擅自出差的，相关费用不予报销。

三、差旅费用标准

3.1 交通费

员工应优先选择经济、合理的交通方式，如火车等。如因特殊情况需乘坐飞机，应提前申请并说明原因。

交通费报销需提供正规发票或电子凭证，并按实际发生金额报销。

3.2 住宿费

员工应选择符合公司标准的酒店或住宿地点，住宿费用不得超过公司规定的最高限额。

住宿费报销需提供酒店发票或电子凭证，并附上住宿清单。

3.3 餐饮费

餐饮费按公司规定的标准执行，超出部分不予报销。

员工在报销餐饮费时，需提供正规发票或电子凭证，并注明用餐人数及用餐时间。

3.4 市内交通费

员工在出差期间因工作需要产生的市内交通费，按实际发生金额报销。

市内交通费报销需提供正规发票或电子凭证，并注明出行日期、目的地等信息。

四、报销流程

4.1 员工在出差结束后，应及时整理并汇总相关费用票据，填写《差旅费用报销单》。

4.2 《差旅费用报销单》需经直属上级审核并签字确认，再提交至财务部门审核。

4.3 财务部门在收到《差旅费用报销单》后，应在三个工作日内完成审核。对于符合规定的费用，将安排支付；对于不符合规定的费用，将告知员工并说明原因。

4.4 员工应确保提供的费用票据真实、合法、完整，如有弄虚作假行为，将按公司相关规定进行处理。

五、附则

5.1 本规则自发布之日起生效，如有修改或补充，以最新发布版本为准。

5.2 员工应遵守本规则，如有疑问或需要解释，可咨询财务部门或人力资源部门。

5.3 对于违反本规则的行为，公司将按相关规定进行处理，并保留追究法律责任的权利。

专家提醒

　　撰写者在调用指令模板后，可以根据自身的需求，对指令模板的内容进行调整，以获得更个性化的回复。

2.3.3　体验插件功能

扫码看视频

　　文心一言不仅具有强大的语言理解能力和生成能力，还通过插件的方式，为撰写者提供了更加多样化的扩展功能，具体操作方法如下。

步骤 01 单击输入框上方的"插件"按钮，在弹出的插件列表框中，单击右上角的"插件商城"按钮，如图 2-42 所示。

图 2-42　单击"插件商城"按钮

　　步骤 02 弹出"插件商城"对话框，在"全部"|"信息处理"选项卡中，单击"网页读取"插件右下角的"安装"按钮，如图 2-43 所示，即可安装该插件。

图 2-43　单击"安装"按钮

步骤 03　单击⊠按钮，关闭"插件商城"对话框，返回文心一言首页。单击"插件"按钮，在插件列表框中选中"网页读取"插件右侧的复选框，如图 2-44 所示，即可启用该插件。

图 2-44　选中"网页读取"插件右侧的复选框

步骤 04　在输入框中输入相应指令，单击◁按钮或按 Enter 键将其发送，即可获得"网页读取"插件生成的回复，相关指令和回复内容如下。

 提问

(网页链接)

 文心一言

使用：网页读取

您提供的网页链接是关于湖南省人民政府调整征地补偿标准的通知。通知文号为湘政发〔2024〕1 号，公布时间为 2024 年 1 月 11 日，自 2024 年 1 月 1 日起施行。该通知明确了征地补偿标准，包括土地补偿费和安置补助费的总和，这两项费用的合计应符合当地农用地区的综合地价标准，通知对不同地类的补偿标准进行了详细的规定。同时，通知还要求市州人民政府根据当地实际制定具体实施细则，并及时更新征收集体建设用地、青苗和地上附着物的具体补偿标准。此外，通知还强调了保护耕地、做好征地补偿标准调整落实工作、完善被征地农民的社会保障政策等要求，以确保被征地农民的合法权益得到有效保障。附件中包含了湖南省征地补偿标准(2024 年调整)的详细内容。

2.3.4　管理对话记录

撰写者可以在文心一言的左侧导航栏中查看和管理历史对话记录，包括置顶、重命名和删除对话记录，具体操作方法如下。

扫码看视频

步骤 01　在上一例对话窗口的左侧，单击"展开导航"按钮 ⟩，如图 2-45 所示。

步骤 02 执行操作后，即可展开导航栏，显示所有历史对话记录，在当前对话的右侧单击 按钮，如图 2-46 所示，即可将该对话置顶。

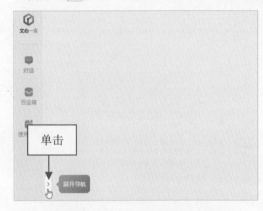

图 2-45 单击"展开导航"按钮　　　　图 2-46 单击相应按钮(1)

步骤 03 在置顶的对话的右侧单击 按钮，在文本框中输入新的对话名称，如图 2-47 所示，单击 按钮确认，即可修改对话的名称，方便撰写者通过名称了解对话的内容。

步骤 04 单击对话右侧的 按钮，如图 2-48 所示。

图 2-47 输入新的对话名称　　　　图 2-48 单击相应按钮(2)

步骤 05 执行操作后，自动选中生成的回复，并进入分享页面，如图 2-49 所示。撰写者可以单击"分享"按钮，将对话分享出去；也可以单击"取消"按钮，退出分享页面。

步骤 06 单击对话右侧的 按钮，弹出提示框，如图 2-50 所示，用户可以单击"删除"按钮将其删除，也可以单击"取消"按钮，关闭提示框。

图 2-49 分享页面

步骤 07 完成所有管理操作后，撰写者可以单击导航栏右侧的"收起导航"按钮 ◁ ，如图 2-51 所示，将历史对话记录折叠起来，使对话页面更简洁。

图 2-50 弹出提示框

图 2-51 单击"收起导航"按钮

第 3 章

掌握公文写作要点

学前提示

在使用 AI 写作公文之前，撰写者需要了解公文的格式，这是进行 AI 公文写作的前提条件，也是撰写格式正确、要素齐全且内容令人满意的公文的关键。本章主要介绍公文的版头、主体、版记、页码和表格五个组成部分的格式要求。

要点提示

▶ 版头的组成和格式。

▶ 主体的组成和格式。

▶ 版记的组成和格式。

▶ 页码与表格的组成和格式。

3.1 要素：版头的组成和格式

公文的组成一般可分为三个部分，即版头、主体和版记。其中，版头位于公文的首页上方，约占首页 1/3 的篇幅。在版头与主体之间，以一条红色反线隔开。本节重点介绍版头的组成要素，以及各要素的具体内容和格式要求，从而帮助撰写者更好地了解公文的结构和规范。

扫码看视频

3.1.1 份数序号

份数序号，即公文总印刷份数中某份公文的顺序编号。这里的公文，指的是同一内容和形式的文件。关于公文的份数序号，具体内容如表 3-1 所示。

表 3-1 公文的份数序号

主要方面	具体内容
位置	(1)位于版心左上角第 1 行； (2)顶格书写
组成	一般由 6 位阿拉伯数字组成，如 000005，表示此文件是该公文总印刷份数中的第 5 份，并且数字字体为 3 号
运用	一般不印份数序号，但有密级的公文一定要印份数序号
作用	(1)便于对有密级的公文进行查对和清退； (2)便于控制普发性下行文的分发

3.1.2 保密设置

按照其机密程度的不同，公文可分为绝密、机密和秘密三级，在涉密公文的版头上需要明确标注机密程度。关于涉密公文的保密设置，具体内容如表 3-2 所示。

扫码看视频

表 3-2 涉密公文的保密设置

主要方面	具体内容
位置	(1) 位于版心右上角第 1 行； (2) 顶格书写
组成	一般由秘密等级和保密期限组成

续表

主要方面	具体内容
格式和要求	(1) 秘密等级两字之间空一个字，有保密期限时则不空，即"机—密"和"机密×月"，其中"—"表示一个字空； (2) 保密等级与保密期限均用 3 号黑体字； (3) 没有保密期限的，应按照国家保密期限规定的上限处理

专家提醒

　　2012年4月16日，中共中央办公厅、国务院办公厅印发《党政机关公文处理工作条例》(以下简称新《条例》)，自2012年7月1日起施行。该条例取代了1996年中共中央办公厅印发的《中国共产党机关公文处理条例》(以下简称旧《条例》)。

　　其中，新《条例》相对旧《条例》来说作了一些改动，例如秘密等级、保密期限和紧急程度设置的位置，以及签发人的标注方式等，都有了新的要求。

3.1.3　急度设置

扫码看视频

　　根据其紧急程度，紧急公文一般可分为"特急"和"加急"两种。与保密设置一样，公文的紧急程度(简称急度)也在眉首中有标注。关于紧急公文的急度设置，具体内容如表 3-3 所示。

表 3-3　紧急公文的急度设置

主要方面	具体内容
位置	(1) 位于保密设置下方； (2) 顶格书写(即与保密设置右对齐)
格式	(1) "特急""加急"两字之间空一个字； (2) 字体为 3 号黑体
作用	使收文机关明确公文处理的时间要求

3.1.4　发文机关标志

扫码看视频

　　发文机关标志一般包含发文机关名称、事由和文种。其中，《党政机关公文处理工作条例》对发文机关标志中的"发文机关名称"做出了新规定，要求其为必要项。发文机关标志的具体内容如表 3-4 所示。

表 3-4　发文机关标志

主要方面	具体内容
位置	位于版头正中
组成及格式	(1) 发文机关全称或者规范化简称后加"文件"两字，如"国家发改委文件"； (2) 使用发文机关全称或者规范化简称； (3) 联合行文时，发文机关标志可以并用联合发文机关的名称，也可以单独用主办机关名称； (4) 联合行文且并用联合发文机关的名称时，"文件"两字置于发文机关名称的右侧，并上下居中排列
作用	强调公文的归属和权威性，表明公文的性质和重要性

3.1.5　发文字号

扫码看视频

在公文的版头中，"字号"并不是指字体大小，而是"代字"和"顺序号"的合称。发文字号是发文机关按年度为公文编排的顺序号，撰写者需要注意其位置、组成、格式、要求和作用等，具体内容如表 3-5 所示。

表 3-5　发文字号

主要方面	具体内容
位置	(1) 位于发文机关标识下空两行处，居中排布； (2) 与最后一个签发人姓名位于同一行
组成	一般由"机关代字+年份+发文顺序号"组成： (1) 机关代字由一定范围内的领导机关对自己的直属机关、单位的代字统一编定，字数一般不超过三个字； (2) 年份用阿拉伯数字完整书写，并用六角括号"〔〕"括入； (3) 序号不编虚位，即 5 不编为 05、005 等，不加"第"字，阿拉伯数字后加"号"字
格式	字体为 3 号仿宋体
要求	联合行文的发文字号只标明主办机关的发文字号
作用	(1) 收发文件一般要登记发文字号； (2) 为检索和引用该文件提供代号，便于公文的处理和查找

3.1.6 签发人

扫码看视频

签发人，即批准发出公文的机关领导人。通过是否标注签发人，可以判断公文的行文方向。签发人的具体内容如表 3-6 所示。

表 3-6 签发人

主要方面	具体内容
位置	(1) 位于发文机关标志下空两行处； (2) 居右空一字编排
要求	(1) 上行文必须标注签发人姓名； (2) 签发的只能是职权范围内的公文，不得越级签发
格式	(1) 联合行文时，每行一般排列两个签发人姓名，两个姓名之间空一字，回行时，与上一行的第一个签发人姓名对齐； (2) "签发人"三字用 3 号仿宋体字标识，后标全角冒号； (3) 签发人姓名用 3 号楷体字标识

3.2 主体的组成和格式

公文主体是公文的主要部分，构成了公文的基本内容。它主要由标题、主送机关、正文、附件说明、公文落款、附注和附件七个要素组成。本节主要介绍这七个要素的相关内容和格式要求。

3.2.1 标题

扫码看视频

标题是对公文中心主旨的概括说明，也是揭示公文行文目的的要素。通过标题，撰写者可以清楚、简要地介绍公文的主要内容。关于公文的标题，具体内容如表 3-7 所示。

表 3-7 公文标题

主要方面	具体内容
位置	位于版头与正文的分割线下空两行处
组成	一般由发文机关名称、事由和文种组成

续表

主要方面	具体内容
格式	(1) 2 号小标宋体字； (2) 标题分一行或多行居中排列； (3) 回行时，要做到词意完整、排列对称、长短适宜、间距恰当； (4) 标题排列应当使用梯形或菱形

3.2.2　主送机关

扫码看视频

主送机关，即公文的主要受理机关。并不是所有的公文都有特定的主送机关，一些面向社会公众的公文没有特定的主送机关，例如公告、通告等。关于公文的主送机关，具体内容如表 3-8 所示。

表 3-8　主送机关

主要方面	具体内容
位置	(1) 位于标题下空一行处； (2) 居左，顶格书写
标点	(1) 同类型机关内的同级别机关之间用全角顿号"、"分隔； (2) 不同类型机关之间用全角逗号"，"隔开； (3) 最后一个机关名称后标全角冒号"："
排版要求	(1) 一行写不完时，回行仍顶格书写； (2) 内容过多导致公文正文不能显示在公文首页时，应将主送机关名称移至版记中，置于抄送机关上一行，两者之间不加分割线

3.2.3　正文

扫码看视频

在公文的撰写中，最重要的要素是公文的正文，它是呈现公文具体内容和发文意图的部分。关于公文正文，具体内容如表 3-9 所示。

表 3-9　公文正文

主要方面	具体内容
公文首页	必须显示正文
位置	位于主送机关的下一行
排版格式	(1) 3 号仿宋体字； (2) 每个自然段前空两字，回行顶格

续表

主要方面	具体内容
结构层次	层次序数可用"一、""(一)""1．""(1)"标注： (1) 第 1 层"一、"用黑体字； (2) 第 2 层"(一)"用楷体字； (3) 第 3 层"1．"和第 4 层"(1)"用仿宋体字

3.2.4　附件说明

当公文文件中需要用到附件时，撰写者要在正文部分之后对相关附件做出说明。关于公文的附件说明，具体内容如表 3-10 所示。

扫码看视频

表 3-10　附件说明

主要方面	具体内容
组成	一般由公文附件的顺序号和名称组成
位置	(1) "附件"两字居正文下空一行处，居左空两字编排； (2) "附件"两字后标"："(全角冒号)和附件名称； (3) 有多个附件时，在全角冒号后使用阿拉伯数字标注附件的顺序号，如"附件：5．××××"
格式	(1) 假如附件名称较长需要回行，则应与上一行附件名称的首字对齐； (2) 附件名称后不加标点； (3) 要保持正文、附件说明和附件三处的标注内容前后一致

3.2.5　公文落款

在公文中，其落款一般包括发文机关署名、成文日期和印章三个要素。其中，成文日期是对公文成文时间的标注和说明，撰写者在书写时，表示年、月、日的数字应该使用阿拉伯数字；注意年、月、日齐全，不能漏掉其中任何一项；年份应标全称，月、日不编虚位，例如 2023 不能缩写为 23，7 不能写作 07。

扫码看视频

如果对公文进行排版后，余下的空白处不足以容下印章或签发人签名章、成文日期时，撰写者可以采用调整行距和字距的方法来解决。另外，印章有无的情况不同，其格式要求也不尽相同。因此，根据公文印章情况可以将其分为三类，下面分别进行介绍。

1．不加盖印章

这一类公文，其落款只有发文机关署名和成文日期两个要素，在格式上有特定要求，具体内容如表 3-11 所示。

表 3-11　不加盖印章的公文

分类	具体内容
单一机关行文	(1) 位于公文正文(或附件说明)下空一行处，发文机关的署名应右空两字排布； (2) 在发文机关署名下一行排布成文日期，首字比发文机关署名的首字右移两字； (3) 当成文日期长于发文机关署名时，应右空两字编排，并增加发文机关署名右空的字数
联合行文	在排布发文机关署名时，应先编排主办机关的署名，然后再向下编排其余发文机关的署名

2. 加盖印章

这一类公文是公文落款的普遍形式，公文落款的三要素全部包括在内。其中，说明成文时间的成文日期一般是居右空四字排布，而在印章的选用上一般是用红色，且不得出现空白的印章。

加盖印章的公文，在落款三要素的排布上与不加盖印章的公文是有区别的。表 3-12 对加盖印章的公文进行了介绍。

表 3-12　加盖印章的公文

分类	具体内容
单一机关行文	(1) 发文机关署名一般位于成文日期之上，并以成文日期为准居中排布； (2) 印章要端正，且使发文机关署名和成文日期居于印章中心偏下位置； (3) 印章顶端应当上距正文(或附件说明)一行之内
联合行文	(1) 一般将各发文机关署名按照发文机关的顺序整齐排列在相应位置； (2) 将印章一一对应、端正、居中下压发文机关署名； (3) 最后一个印章端正、居中下压发文机关署名和成文日期； (4) 各印章之间排列整齐、互不相交或相切； (5) 每排印章两端不得超出版心； (6) 首排印章顶端应当上距正文(或附件说明)一行之内

3. 加盖签发人签名章

这一类公文与加盖印章的公文类似，其印章也是红色的，不同之处在于这里的印章指的是签发人签名章。关于加盖签发人签名章的公文，具体内容如表 3-13 所示。

表 3-13　加盖签发人签名章的公文

分类	具体内容
单一机关行文	(1) 在正文(或附件说明)下空两行、右空四字加盖签发人签名章； (2) 签名章左空两字标注签发人职务； (3) 以签名章为准上下居中排布； (4) 在签名章下空一行、右空四字编排成文日期
联合行文	(1) 每行只编排一个机关的签发人职务、签名章； (2) 首先排布主办机关签发人的职务、签名章，然后再依次编排其他机关签发人的职务和签名章，并与主办机关签发人职务、签名章上下对齐； (3) 签发人职务应当标注全称

3.2.6　附注

附注，即公文在印发传达范围内对需要标注的事项做出说明的要素。关于附注，应该注意三个方面的内容，如表 3-14 所示。

扫码看视频

表 3-14　公文附注

主要方面	具体内容
位置	(1) 位于成文日期下一行； (2) 居左空两字编排
要求	(1) 附注内容加圆括号； (2) 回行时顶格
特例	(1) "请示"类公文应在附注处注明联系人的姓名和电话； (2) 联系人一般是发文机关经办处负责人

3.2.7　附件

附件，即对公文正文进行说明、补充或作为参考的资料，它是附件说明的来源和依据。关于附件，应该注意四个方面的内容，如表 3-15 所示。

扫码看视频

表 3-15　公文附件

主要方面	具体内容
位置	(1) 另面编排； (2) 位于版记之前

续表

主要方面	具体内容
装订要求	(1) 一般情况下，需要与公文正文一起装订； (2) 不能与正文一起装订时，应在附件左上角第一行顶格编排公文的发文字号，并在其后标注"附件"两字及附件顺序号
格式要求	(1) "附件"两字和附件顺序号用 3 号黑体字，顶格书写在版心左上角第一行； (2) 附件标题居中排布，并书写在版心第三行； (3) 附件的格式要求与正文相同
内容要求	附件顺序号和附件标题应当与附件说明的表述一致

3.3 版记的组成和格式

在公文中，版记是一个处于两条分隔线(即首条分隔线和末条分隔线)之间的区域，一般包括抄送机关、印发机关和印发日期三个要素，其中印发机关和印发日期统称为印发标识。

将版记区分开的分隔线与版心等宽，在高度和位置方面的要求如表 3-16 所示。

表 3-16 公文版记分隔线

主要方面	具体内容
高度	(1) 首条分隔线与末条分隔线用粗线(推荐高度为 0.35 mm)； (2) 中间的分隔线用细线(推荐高度为 0.25 mm)
位置	(1) 首条分隔线居于版记第一个要素之上； (2) 末条分隔线与公文最后一面的版心下边缘重合

3.3.1 抄送机关

抄送机关是相对于主送机关而言的，是指除主送机关之外，在执行或知晓公文内容方面有必要送达的机关。在罗列抄送机关时，可以使用机关全称、机关规范化简称和同类型机关统称三种方式中的一种。

扫码看视频

当然，并不是所有的公文都有抄送机关。当公文有抄送机关时，撰写者应该注意其特定的格式要求，并根据格式要求撰写出合适且恰当的公文。关于公文抄送机关，应注意两个方面的内容，如表 3-17 所示。

表 3-17　公文抄送机关

主要方面	具体内容
位置	位于印发机关与印发日期上一行，版心左右各空一字
格式	(1)　4 号仿宋体字； (2)　"抄送"两字后加全角冒号和抄送机关的名称，回行要与冒号后的第一个字对齐； (3)　最后一个抄送机关的名称后加句号； (4)　版记部分既有主送机关又有抄送机关的，应将主送机关置于抄送机关上一行，两者之间不加分隔线

3.3.2　印发标识

扫码看视频

印发标识，即公文的印发机关和印发日期，是说明公文印发情况的要素。《党政机关公文格式》对印发标识的格式做出了规定，具体内容如表 3-18 所示。

表 3-18　公文的印发机关和印发日期

主要方面	具体内容
位置	(1)　位于末条分隔线之上； (2)　印发机关居左空一字，印发日期居右空一字
格式	(1)　4 号仿宋体字； (2)　用阿拉伯数字将年、月、日标全，年份应用全称，月、日不编虚位，后加"印发"两字
注意事项	当版记中有其他要素时，应将其与印发机关和印发日期用一条细分隔线隔开

3.4　要素：页码与表格的组成和格式

虽然页码和表格不属于公文的主要组成部分，但也是公文中常见的要素，对公文的规范化撰写与运用起着重要作用。因此，撰写者需要对它们有所了解。

3.4.1　页码

页码，即表示公文页数的顺序号，能清晰地呈现公文的前后顺序，让公文不产生错乱。《党政机关公文格式》对页码的格式做出了明确规定，如表 3-19 所示。

表 3-19　公文的页码

主要方面	具体内容
位置	(1) 位于公文版心下边缘的下方； (2) 表示页码的数字左右各有一条一字线，这些一字线上边缘距离版心下边缘保持 7 mm 的距离； (3) 页码为单页时居右空一字，页码为双页时居左空一字
格式	(1) 4 号、半角、宋体阿拉伯数字； (2) 公文版记前有空白页的，空白页与版记均不编排页码； (3) 公文的附件与正文一起装订时，页码应连续编排

3.4.2　横排表格

扫码看视频

　　表格可分为横排表格和竖排表格，当表格的横向内容超过规格纸张的横向版心尺寸时，就需要将竖排表格变为横排表格。在创建横排表格时，撰写者应该注意其表头的位置，具体如下。

　　(1) 单页码：表头在订口，且表中的字头朝向订口(朝左)。

　　(2) 双页码：表头在切口，且表中的字头朝向切口(朝左)。

第4章

技巧：提升公文写作能力

学前提示

　　撰写者可以通过了解公文写作的原则和要求、公文行文的规范，以及正文部分的写作技巧来提升公文写作能力，进而提高公文写作的质量和效率。此外，撰写者自身的公文写作能力在利用 AI 写作公文时也能发挥作用。

要点提示

▶　公文写作的准则。

▶　公文写作的标准。

▶　公文行文的秩序。

▶　正文部分的写作。

4.1　公文写作的准则

在社会生活中，无论是说话还是做事都要遵循一定的准则，公文写作也是如此。公文要想达到准确无误的要求，就需要在内容、语言文字和体式三个方面加以注意。而且，公文应用领域和范围的特殊性对其写作原则提出了具体要求，本节将主要介绍写作公文时需要遵循的原则。

4.1.1　内容的"三查三改"

扫码看视频

内容无疑是公文需要重点查改的区域，因此在公文内容的立意、措施政策和材料三个方面需要坚持"三查三改"原则，具体内容如表 4-1 所示。

表 4-1　公文内容的"三查三改"原则

主要方面		具体内容
立意	查	(1) 是否明确； (2) 是否完整； (3) 是否突出
	改	(1) 观点错误之处； (2) 空洞浮泛之处； (3) 文不切题之处； (4) 含混冗杂之处； (5) 不合逻辑之处
措施政策	查	(1) 措施、规定、办法、意见是否符合国家的现行政策和法律法规等的要求； (2) 措施、规定、办法、意见是否切实可行，即在现实环境和条件下的可行性
	改	(1) 与国家的现行政策和法律法规等相矛盾、有抵触之处； (2) 纯粹是官话、套话、大话、空话
材料	查	(1) 是否具体； (2) 是否真实； (3) 是否典型
	改	(1) 一般化之处； (2) 概念化之处； (3) 不实之处

4.1.2 语言文字的"三查三改"

公文的内容是由语言文字组成的，能充分体现撰写者的语言文字水平，也是一篇公文内容质量好坏的重要体现。一般来说，只有保证语言文字的正确性，才能确保公文在内容表达和结构上的正确性。从这个角度来说，公文也应该在篇章、行文和文字三个方面坚持"三查三改"原则，具体内容如表4-2所示。

表4-2　公文语言的"三查三改"原则

主要方面		具体内容
篇章	查	(1) 是否明确； (2) 是否紧凑； (3) 是否合理
	改	(1) 杂乱无章之处； (2) 上下脱节之处； (3) 主次详略不当之处等
行文	查	(1) 是否精练； (2) 是否合乎语法； (3) 是否合乎逻辑
	改	(1) 用词不当之处； (2) 啰唆累赘之处； (3) 逻辑错误之处
文字	查	是否规范
	改	(1) 错别字； (2) 生造词语； (3) 滥用简称； (4) 标点错误； (5) 文面版式错误

4.1.3 体式问题的"五查五改"

体式主要指公文的体裁和格式，它是区分不同类型的公文的重要标准。任何一种类型的公文都有其独有的特征和标识，撰写者必须在一些重要组成元素上确保其准确无误。一般来说，需要查改的体式问题主要表现在以下五个方面。

（1）文种。检查其公文内容和行文方向等是否符合要求，一旦发现问题，应立即更正。

（2）标题。检查其在内容契合、组成要素和编排要求方面是否存在问题，如有问题，立即更正。

(3) 主、抄送单位。检查其是否存在缺漏以及编排上是否有错误，一旦发现问题，立即更正。

(4) 附件。检查其是否齐全以及编排上是否有错误等，一旦发现问题，应立即更正。

(5) 附加标记。在一些附加标记(如印发标识、页码等)上也应该注意其正确性，如有问题，应立即更正。

4.2 公文写作的标准

尽管不同类型的公文在对象、目的和条件方面存在写作上的差别，但它们作为公文，有着共通性，在进行具体写作时应该遵循一定的要求。本节主要介绍写作公文时需要遵循和牢记的五个要求。

4.2.1 符合政令，切实可行

公文是处理公务的文书，而一切公务活动——尤其是党政机关的公务活动——是建立在对党和国家路线、方针、政策的贯彻和执行上的。因此，从公文本身而言，其鲜明的政治性、政策性特征要求公文内容必须符合一定时期内的党和国家的方针政策及法律法规，这是写作公文的基本要求。

一份公文的主要内容总是受到多方面的方针政策、法规约束，如果撰写者想保持公文内容与方针、政策、法规的协调一致，则需要具备一些基本素质，如图 4-1 所示。

图 4-1 撰写者需要具备的基本素质

符合政令和切实可行是基于公文施行的可能性要求的两个要点。其中，符合政令是切实可行的前提和基本特征；而切实可行，除了需要符合政令之外，还应该符合客观实际，即数据准确无误、结论切合实际和办法有可行性。

因此，撰写者在写作时应该注意图 4-2 所示的两个方面，并从这两个方面出发着手完成公文。

图 4-2　保证公文切实可行的要求

综上所述，在撰写公文的过程中，撰写者应该先把将要制定的具体政策与实际情况结合起来，在了解相关文件的方针、政策和法规的基础上，再深入了解公文的写作目的。只有这样，才能写出一篇符合政令、切实可行的好公文。

扫码看视频

4.2.2　行文周严，一文一事

在政务活动中，公文是办理事务的主要文本依据，具有很强的实用性。因此，在撰写公文时，应该保持公文结构和语言方面的周密严谨。

在结构方面，行文的周严性主要在于对固定格式的把握，如图 4-3 所示。

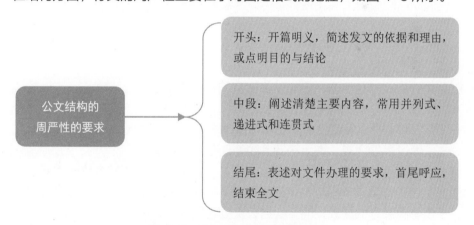

图 4-3　公文结构的周严性的要求

在语言方面，撰写者应该根据具体情况来组织语言，做到无论是在表述内容观点上还是行文语气上都恰如其分。例如，内容的表述要做到恰如其分，就应该平直、简洁和明了，具体包括情况陈述要一清二楚、工作汇报要实事求是、表明观点要态度明确和提出要求要明白具体。

"一文一事"，即在一篇公文中，一般只针对一个问题或意见、事情进行叙述，需要对不同的事件进行叙述的，应该分为不同的公文进行撰写。这一要求能有效地防止公文行文的错乱，从而提升公文和办文的准确性和及时性。当然，这一要求并不适用于所有公文。

4.2.3　语体适用，格式规范

公文作为一种应用在特定场合和有特定效用的文书，需要严格按照其格式来进行写作。而就公文而言，其规范化主要通过语体和格式这两个方面来实现。下面将对其进行分析。

1. 语体必须适用

从语体上来看，公文合乎规范主要表现在选择最合适的公文种类来针对某一问题或事件撰写公文，即要求公文在语言、字词和文种的运用上适应公文表达作者意图的写作目的，包括语言简洁明快、字词通俗易懂和文种恰如其分。

2. 格式合乎规范

公文格式合乎规范是公文在处理公务过程中的必然要求，因为只有合乎规范的公文，才能最大限度地发挥出它特有的效用。试想一下，如果机关单位相互往来的公文各行其是，没有一个共同的撰写和办文准则，就很难让人在传递、阅读和办理公文的过程中快速明白和做出相应决策。

因此，公文的格式必须采用国家规定的统一公文格式，特别是公文各组成部分的格式，以及用纸、书写、排版和装订格式，这些都需要严格按照公文的写作标准来进行。

就公文的组成部分而言，假如缺失了任何一个组成部分，就容易让人对该要素存在疑惑，从而影响公文的完整性，特别是标题、秘密等级和主送机关等重要元素，更是缺一不可。以公文的标题为例，如果没有这一要素，那么受众就需要阅读全文才能明白公文所要讲述的内容，增大了阅读和处理公文的难度。

就公文完稿后的各项工作要素而言，假如其中的某一项不符合统一格式要求，也容易造成后续工作困难。以公文用纸为例，不同类型的用纸会使公文在装订之后参差不齐，不仅影响装订的美观，而且会给公文立卷归档增添麻烦。

4.2.4　明确关系，遵守规则

这里的"规则"主要是针对公文行文来说的。从这个角度来看，撰写者在动笔之前应该明确公文的行文关系，并遵照公文行文规则来行文。一般来说，可以从如表 4-3 所示的几个方面来分析。

表 4-3　公文按照行文规则办文的要求

主要方面	具体要求
行文前	(1) 基于行文意图和关系选择适用文种； (2) 分清不同方向的行文，做到准确把握； (3) 同一行文方向的公文也要确定合适的文种
请示	(1) 不得越级行文，特殊情况下应抄送上级机关； (2) 应该一文一事，一般只写一个主送机关； (3) 除了直接交办的事项之外，不得直接抄送领导者个人
向下行文	(1) 重要下行文应同时抄送直接上级机关； (2) 未协商一致的，不得各自向下行文
报告	报告中不得夹带请示事项

4.2.5　表述精当，准确无误

扫码看视频

公文在表述上，应根据不同的行文方向和要求做到精当，例如上行文要态度明朗、观点明确，不夸大事实、不掩盖矛盾；下行文要表达准确、措辞严谨，准确地传达党和国家的方针、政策。

公文的表述应当精当，特别是在遣词造句上，即用尽量少的文字准确无误地表达清楚尽量多的内容。这是写好文章的基本要求，具体表现在以下几个方面。

(1) 字、词、句要准确、通顺。

(2) 主、谓、宾等成分必须完整。

(3) 单句、复句要仔细分清。

(4) 段落、层次要逻辑分明。

(5) 文中的标点必须准确无误。

4.3　公文行文的秩序

公文的行文有着特定的秩序，一般来说，只有按照一定的规定或准则来行文，才能维护各级各类机关间行文秩序的规范性。具体来说，公文行文的规范性表现为行文关系的规范、行文方向与方式的规范和行文规则的规范三个方面。

4.3.1　行文的关系

扫码看视频

　　公文的行文关系取决于发文机关与收文机关的相互关系，它是对公文往来关系的总称，主要根据机关的组织关系、领导关系和职权范围来确定。

　　从公文往来机关的属性来看，其行文关系可分为两大类，即国家行政机关的行文关系和党的各级组织的行文关系，具体内容如表 4-4 所示。

表 4-4　公文的行文关系

行文关系类别	隶属关系与职权范围划分规定	基本原则
国家行政机关的行文关系	《中华人民共和国宪法》	地方各级人民政府服从国务院(中央人民政府)
党的各级组织的行文关系	《中国共产党章程》	(1) 下级服从上级； (2) 全党服从中央

4.3.2　行文方向和方式

扫码看视频

　　基于行文关系的不同，公文的行文方向和方式也有着根本区别。一般来说，可以将机关之间的公文往来分为上行、平行和下行三个方向。基于各级各类机关的工作需求，相应地形成了公文的三大行文方式，即上行文、下行文和平行文。另外，泛行文也是一种重要的行文方式，只是这种行文方式没有特定方向。下面分别对其进行介绍。

1. 上行文

　　上行文，即由下向上行文，一般是指下级机关或业务部门向所属上级机关或业务主管部门行文的方式。当然，这种方式的行文在具体运用上又可以根据公文授受双方的关系分为三类，如图 4-4 所示。

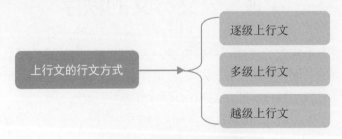

图 4-4　上行文的行文方式

其中，逐级上行文是公文往来中最基本、最常见的一种行文方式。有时为了工作需要，会根据具体情况采用上行文的其他方式。

2. 下行文

下行文与上行文恰好相反，是上级机关或业务主管部门对所属下级机关或业务部门行文的方式。基于不同的发文目的和要求，下行文也有三种不同的行文方式，具体如图4-5所示。

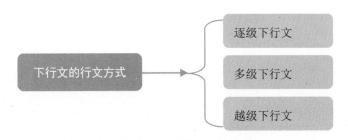

图4-5 下行文的行文方式

3. 平行文

与上行文和下行文不同，平行文的授受机关之间并不是领导与被领导、隶属与被隶属的关系，其公文往来存在于以下两种机关之间。

(1) 同级机关之间，例如同一部门内的同级机关。

(2) 不相隶属的、没有领导与指导关系的机关之间。

4. 泛行文

泛行文，强调的是其行文范围的广泛性。这种公文的行文方式与上述三类有特定行文方向的行文方式不同，它面向的是社会，其受众是社会群众，并且这种行文方式没有特定的主送机关。

4.3.3 行文的规则

扫码看视频

公文是各级各类党政机关、社会团体和企事业单位等用于办理公文的应用文，而这些依法成立的社会组织有着一个庞大、繁杂的关系，为了保证工作的有序进行和效率的提高，各级机关和部门之间应该遵循一定的行文规则。

1. 不得越级行文的原则

各级党政机关和部门有一定的职权范围，公文之间的授受关系应该在一定的职权范围内进行。

《党政机关公文处理工作条例》(以下简称《条例》)第 14 条规定："行文关系

根据隶属关系和职权范围确定。一般不得越级行文，特殊情况需要越级行文的，应当同时抄送被越过的机关。"

由此可见，在一般情况下，各级党政机关或部门间更多的是按照一定的隶属关系和职权范围来逐级行文的。而在一定的职权范围内，公文行文设定的要求如图 4-6 所示。

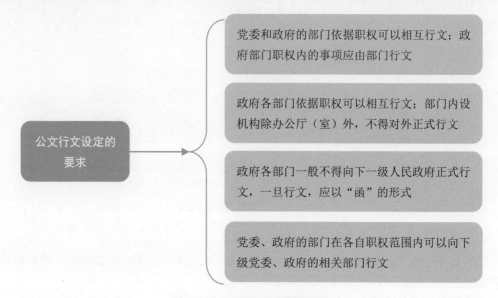

图 4-6　公文行文设定的要求

2．联合行文的原则

《条例》第 17 条规定："同级党政机关、党政机关与其他同级机关必要时可以联合行文。属于党委、政府各自职权范围内的工作，不得联合行文……"关于联合行文，应该注意几个方面的问题，具体如图 4-7 所示。

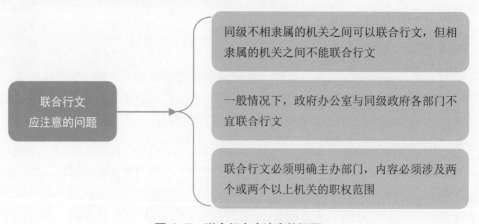

图 4-7　联合行文应注意的问题

3. 协商一致的原则

为了让各部门之间的工作变得协调和有序，《条例》第 16 条第 4 款规定："涉及多个部门职权范围内的事务，部门之间未协商一致的，不得向下行文；擅自行文的，上级机关应当责令其纠正或者撤销。"这是关于公文行文的协商一致原则的具体要求。

协商一致的行文原则强调了各部门之间的合作和职权分明，这也是公文行文的重要原则之一。

4. 公文抄送规则

抄送是指在公文主送之外，还需送达与公文内容相关、需要知晓或遵照执行的单位的一种行为。公文的抄送单位并不是主要或直接承办的单位，其主要作用在于是备案、协调和告知。

关于公文的抄送，应该遵循以下规则。

(1) 所列的抄送单位不能遗漏，要仔细核查。

(2) 被抄送机关收到抄送的文件后，要妥善处置。

(3) 抄送机关应该按照机关性质和隶属关系来排序。

(4) 列抄送单位时应该慎重，不宜抄送下级机关，并严格控制平级单位的抄送范围。

4.4 正文部分的写作

在公文写作中，撰写者必须按照相应的格式来撰写公文的标题、主送机关、导语、发文字号等内容。除去这些既定的格式模板，撰写者最需要认真构思的是公文的正文部分。一般来说，公文的正文由开头、主体和结尾三部分组成，本节将分别介绍各个部分的写作技巧。

4.4.1 写作公文的开头

公文开头的撰写需要开门见山，直接概括出公文的主要内容及其主旨，切忌含糊其词、弯弯绕绕。明确且精炼的公文开头能够很好地将公务事项展现出来，从而更加明确地指导公务活动。下面介绍六种常用的公文开头形式。

扫码看视频

1. 根据……

这种形式就是在开头部分交代公文的依据，这个依据可以是某项会议的结果、某单位的实际情况、某项法律条文的具体规定、党和国家的方针政策等。这种行文方式可以保证公文的权威性，使其更具指导性。

在公文开头表明行文依据的常用词语还有"据……""按照……""遵照……""依据……"等。

2. 为了……

这种形式就是在公文开头直接交代行文目的，明确发文意图，展现出发文机关的指导思想，让收文机关更加明确方针政策，确保后续工作的顺利进行。

一般来说，在公文开头直接交代行文目的的词语除了"为了……"之外，还有"为……""达成……的目的"等。

3. 因为……

这种形式通过在公文开头直接阐明发文原因，可以很好地展现公文的合理性，从而增强公文行文的必然性。从某种程度上来说，在公文开头揭示行文原因还能向收文机关昭示公务事项的重要性，从而保证公务事项的顺利实施。

在公文开头阐明发文原因的常用词语还有"由于……""鉴于……""……的原因"等。

4. 引用

这里的引用并不是指引经据典，而是引用公文中的重要文件、会议中的重要讲话和思想、领导的发言等，通过引用这些内容，可以很好地点明公文主旨，让收文机关一目了然。

5. 介绍事件

这种形式就是在公文的开头概括性地介绍事件或者相关情况，使人印象深刻，展现出行文的现实基础，从而使公文中的相关公务事项或决定更具实际意义。需要注意的是，在公文开头部分介绍事件切忌长篇大论，简略提及即可。

6. 提及时间

这种形式通过在公文开篇点明事件、情况的时间，可以展现出公文的时效性，从而促使收文单位快速执行。提及时间时可以直接写明具体时间，也可以使用"最近……""……之后""近来……"等模糊性词语。

4.4.2 写作公文的主体

一般来说，公文的主体部分占据公文正文内容的绝大部分，因此撰写 扫码看视频
者必须重视主体部分的写作，从而撰写出更加规范、符合国家方针政策的公文。下面介绍在写作公文的主体时需要注意的事项。

1. 遵守国家法律

遵守国家的法律、法规、规章制度是撰写公文的首要条件。公文是为公务事项提供指导的文种，因此撰写者需要遵守国家法律法规，并确保所撰写的公文符合党和国家的方针政策。

当然，如果要在公文中提出新的政策规定，就需要政策规定切实可行，并在附件中加以说明，或者提供相关法律依据。

2. 客观真实

客观真实是公文的灵魂。公文必须反映客观真实的情况，并对这些情况进行精炼。在撰写公文时，应做到层次分明和条理清晰。此外，公文还需要篇幅简短，使用正确的汉字与标点。

3. 保证准确

保证准确是指在公文中展现出来的一些元素，例如人名、地点、数字和时间等必须准确，不能杜撰或使用不规范的简称。需要注意的是，公文中的时间必须写全称，例如"2021 年"不能写成"21 年"。

4. 数字一致

同一篇公文中的数字必须保持一致，除了成文时间、序号、词组、惯用语、具有修饰色彩的词语和缩略词必须使用汉字之外，其他都需要统一使用阿拉伯数字。

5. 序号格式

序号格式是公文正文内容梳理和分层时经常使用的形式。按照公文的格式规定，其结构分层使用的序号依次为："一、""（一）""1.""（1）"，撰写者必须规范使用。

6. 引用格式

在进行引用时，撰写者必须遵守相应的格式规范，先引用标题，后引用发文字号，并为其添加圆括号。

7. 简称格式

在公文中如果使用简称，一定要使用准确规范的简称。一般来说，首先出现时先用全称，并注明简称，或者在简称后面注明全称，以便收文机关更好地关阅读。

除了这些注意事项之外，撰写者还需要了解主体部分的两种撰写方法，下面进行详细介绍。

1. 阐明目的

公文按照行文方向分为上行文、下行文和平行文，不管是何种行文方向，都需要在正文的主体部分摆事实、讲道理，并提出要求或希望。因此，撰写者可以根据公文的三个分类来了解在公文正文中阐明目的的方法。

1）上行文

在下级机关发送给上级机关的请示类公文中，应清楚地叙述客观情况，明确表达自己的看法，并在提出愿景后，提交上级机关审批。一般来说，在上行文中，撰写者需要保持尊敬的态度。

2）下行文

在上级机关发送给下级机关的批复类、指示类公文中，通常先写明情况，批复类的公文还要提及来文中要解决的事项，再写明审核意见和解决方法，最后提出具体方针并要求下级机关贯彻执行。

在下行文中，撰写者必须用明确的态度、坚定的语气和强制性的措施来保证方针政策的实施。

3）平行文

发送给同级单位的商洽类公文的写作模式是先介绍清楚事由和依据，再提出需要的协助，最后提出希望。在平行文的撰写中，撰写者需要注意语气的诚恳，以便双方达成共识。

2. 表述清晰

表述清晰指的是在公文的主体部分，清晰地展现出要执行、审批、请示、商洽等的事项。公文的写作切忌弯弯绕绕，过于隐晦的公文内容会影响公务事项的有效执行，从而对相关工作产生不利影响。

此外，公文通常采用一文一事，即在一篇公文中集中解决一件事情，并反复精炼字句，去掉冗杂的空话。当出现特殊情况需要在公文中处理多项事宜时，可以通过分段或加序号等形式加以区分，使公文整体层次分明且井井有条。

4.4.3 写作公文的结尾

扫码看视频

一般来说，公文的结尾有三种常用的形式，第一种是以专用语模板结尾，第二种是强调公文目的的结尾，第三种是通过发布号召、希望来收束全文。

1. 专用语模板

在公文结尾部分，撰写者可采用一些既定的专用语模板，这不仅有助于精简语句，还能有效地收束全文并表达祈愿。下面介绍不同种类的公文的专用语模板。

1) 请示类公文

请示类公文的结束语不能省略，常用"请批复""妥否""请批示""请批准""可否""以上意见当否，请批复"等。

2) 批复类公文

当批复类公文的篇幅较长时可以省略结束语，如果撰写者要添加结束语，常用"特此批复""此复"等。

3) 函

函的种类不同，所使用的结束语也不同。例如，在通知事宜函中常用"特此函告""特此函达"等；在商洽函中用"请研究函复""请函复为盼""可否，请函复""敬请大力支持为盼"等；在答复函和批准函中用"特此函复""此复"等；在请示答复事宜函中用"务希研究承复""请予批准""请即函复"等。

4) 通知

如果正文的主体部分太长，或者有"有关事项通知如下"这样的过渡句，则可以省略结束语；如果没有过渡句，则可以使用"请贯彻执行""希遵照办理""请参照执行""特此通知"等。

5) 报告

报告常使用"特此报告""请审核""请审阅""专此报告"等作为结束语。

6) 说明类的公文

决定、通报和会议纪要等类型的公文没有结束语；当公文篇幅较长时，结束语同样可以省略；此外，在某些公文中，结尾处会写明"希望……""号召……""要求……"等内容，这时也可以省略结束语。

2. 强调公文目的

在公文的结尾部分强调公文的目的可以让受众对公文的主旨印象更深刻。

在公文的结尾处强调公文目的必须使用简练的文字，常用的语言模板为"上述要求，请予批准"等。

3. 发布号召、希望

用号召、希望作为公文的结尾，就是在结尾处发出号召，提出希望，或者使用鼓励性语言，以突出行文目的，并确保公务事项的顺利执行。

第 5 章

模板：用 AI 高效写作公文

学前提示

在使用 AI 写作公文时，撰写者通常会提供公文的相关信息，以便 AI 根据这些信息进行写作。为了提高公文写作的效率和准确性，撰写者可以利用模板来指导 AI 的写作。这样做不仅能避免 AI 生成的公文出现格式和元素错误，还能确保内容的一致性。

要点提示

▶ 认识公文写作的模板。

▶ 使用和生成模板。

5.1 认识公文写作模板

公文写作模板是标准化的文件结构，旨在确保公文格式的统一性和内容的清晰性。它通常包含标题、正文、结尾和日期等元素，适用于各类公文，如通知、报告、函等，以规范行文流程，提升工作效率。

5.1.1 模板的重要性

公文写作模板在公务活动中扮演着至关重要的角色，其重要性体现在 扫码看视频
多个方面，如图 5-1 所示。

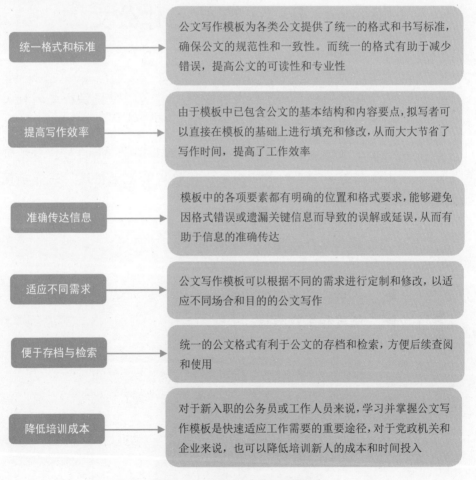

| 统一格式和标准 | 公文写作模板为各类公文提供了统一的格式和书写标准，确保公文的规范性和一致性。而统一的格式有助于减少错误，提高公文的可读性和专业性 |

| 提高写作效率 | 由于模板中已包含公文的基本结构和内容要点，拟写者可以直接在模板的基础上进行填充和修改，从而大大节省了写作时间，提高了工作效率 |

| 准确传达信息 | 模板中的各项要素都有明确的位置和格式要求，能够避免因格式错误或遗漏关键信息而导致的误解或延误，从而有助于信息的准确传达 |

| 适应不同需求 | 公文写作模板可以根据不同的需求进行定制和修改，以适应不同场合和目的的公文写作 |

| 便于存档与检索 | 统一的公文格式有利于公文的存档和检索，方便后续查阅和使用 |

| 降低培训成本 | 对于新入职的公务员或工作人员来说，学习并掌握公文写作模板是快速适应工作需要的重要途径，对于党政机关和企业来说，也可以降低培训新人的成本和时间投入 |

图 5-1 公文写作模板的重要性

5.1.2 模板的获得途径

撰写者可以通过六个途径获得公文的写作模板，分别是官方提供、网络资源、培训课程、个人积累、AI 生成和模板功能，具体内容如下。

1. 官方提供

各类党政机关的报刊中包含了大量的公文写作模板和实例，撰写者可以自行查阅和收藏。

2. 网络资源

当今有许多专门提供公文写作、范文、模板和行业领域相关内容的网站，撰写者可以在其中进行搜索和下载。需要注意的是，网站上的内容良莠不齐，撰写者要仔细分辨。

3. 培训课程

如果撰写者参加公文写作课程和培训，也会获得一些写作模板，并且还能得到老师的指导。

4. 个人积累

撰写者在日常工作中多留心接触到的成型文章，将其中写得不错的部分收集起来，这样既能总结公文写作模板，又能为自己写作公文提供素材和参考。

5. AI 生成

借助强大的人工智能，撰写者可以轻松生成各种所需的公文写作模板。不过，AI 系统的数据库和撰写者提供的信息会对模板的质量和准确性产生很大影响。

6. 模板功能

AI 写作平台提供了独特的模板功能，撰写者使用模板能够快速生成需要的公文。不过，这里的模板指的是专为 AI 写作设计的指令模板，它们虽然主要用于 AI 写作，但由于同样能够实现快速撰写公文，因此也可以被视为一种公文写作模板。

5.2 使用和生成模板

使用 AI 写作平台提供的模板快速完成公文的写作，可以满足撰写者提高工作效率、获得规范公文的需求。不过，并不是所有平台都有模板功能，撰写者如果想借助模板生成公文，需要提前了解平台的情况。

而让 AI 生成公文写作模板，撰写者需要提供相应公文的格式和要点，以确保 AI 生成的公文无误。另外，在获得公文写作模板后，撰写者可以将其保存起来，以便日后调用。

本节首先介绍文心一言的"一言百宝箱"功能和智谱清言的"灵感大全"功能的用法，然后介绍让通义生成公文写作模板的操作方法。

5.2.1 一言百宝箱

文心一言的"一言百宝箱"功能提供了不同场景和职业的指令模板，撰写者选择相应模板，就可以生成相应内容。下面介绍具体的操作方法。

扫码看视频

步骤 01 在文心一言左侧的导航栏中单击"百宝箱"按钮，弹出"一言百宝箱"对话框，切换至"职业"|"党政机关"选项卡，单击"工作报告撰写"模板右下角的"使用"按钮，如图 5-2 所示。

图 5-2 单击"使用"按钮

步骤 02 执行操作后，即可将模板中的指令内容填入输入框中，按 Enter 键发送，即可套用模板生成相应的工作报告，相关指令和回复内容如下。

 提问

你是【××市××局××部门】的公务员，你需要针对过去几个季度的工作做一个工作总结和汇报，结构为【政府工作目标及政策、季度工作成果回顾、下一步工作重心和规划】，风格要求【正式、严肃】，字数要求 1000 字。

🅡 文心一言

【××市××局××部门】季度工作总结与规划汇报

一、政府工作目标及政策概述

本季度，我部门紧密围绕市委、市政府的总体工作部署，坚持以人民为中心的发展思想，积极贯彻落实上级各项决策部署。具体工作目标包括：

1. 深化政务服务改革： 通过简化办事流程、优化服务方式，提高政务服务效率，切实增强人民群众的获得感、幸福感和安全感。

2. 加强社会管理和公共服务： 强化社会治理能力，完善公共服务体系，确保社会和谐稳定，满足人民群众日益增长的美好生活需要。

3. 推动经济高质量发展： 积极营造良好的营商环境，支持企业创新发展，促进产业转型升级，为全市经济发展提供有力支撑。

为实现上述目标，我部门制定了一系列政策措施，包括：

- 出台《关于优化营商环境若干措施》，简化企业开办、注销等流程，降低企业运营成本。
- 实施《社会治理创新行动计划》，加强社区治理、网格化管理，提升社会治理智能化水平。
- 开展"我为群众办实事"实践活动，解决群众急、难、愁、盼问题，提升群众满意度。

二、季度工作成果回顾

在过去几个季度的工作中，我部门全体人员团结协作、攻坚克难，取得了以下主要成果：

1. 政务服务改革取得显著成效

- 实现了政务服务事项"一网通办"，网上办件率大幅提升。
- 推行了"容缺受理"和"告知承诺制"，有效缩短了办事时间。
- 开展了"减证便民"行动，精简了办事材料，减轻了群众负担。

2. 社会管理和公共服务水平稳步提升

- 加强了社区治理，推动了社区自治和共治。
- 深化了网格化管理，实现了对社会治理资源的有效整合。
- 优化了公共服务资源配置，提高了公共服务供给质量。

3. 经济高质量发展取得新进展

- 推动了重点产业项目建设，促进了产业转型升级。
- 加强了企业服务，帮助企业解决了生产经营中的困难问题。
- 优化了营商环境，激发了市场主体活力。

同时，我部门还积极参与了全市重大活动和重点工作，为全市经济社会发展做出了积极贡献。

三、下一步工作重心和规划

在总结过去工作成绩的基础上，我部门将继续保持奋发有为的精神状态，进一步明确工作方向和目标任务。具体工作规划如下：

1. 持续推进政务服务改革

- 进一步优化政务服务流程，提高办事效率。
- 加强政务服务标准化建设，确保服务质量和水平不断提升。
- 加强与相关部门的协作配合，形成工作合力。

2. 加强社会管理和公共服务体系建设

- 深化社区治理改革，推动社区自治和共治取得新成效。
- 加强网格化管理建设，提升社会治理智能化水平。
- 优化公共服务资源配置，提高公共服务供给效率和质量。

3. 推动经济高质量发展

- 加强对重点产业项目的支持力度，促进产业转型升级。

- 加强企业服务体系建设，帮助企业解决生产经营中的困难问题。

- 持续优化营商环境，激发市场主体活力。

我部门将认真贯彻落实市委、市政府的决策部署，以更加饱满的热情、更加务实的作风，为推动全市经济社会发展做出新的更大贡献。

5.2.2 灵感大全

智谱清言的"灵感大全"功能提供了 CLM-4、"AI 作图""写作""学生""职场人""家长""媒体人""老师""程序员"和"摸鱼大师"等 10 个细致分类，撰写者可以选择对应分类下的模板进行使用，下面介绍具体的操作方法。

扫码看视频

步骤 01 在智谱清言首页的右上方单击"灵感大全"按钮，如图 5-3 所示。

步骤 02 弹出"灵感大全"对话框，切换至"职场人"选项卡，如图 5-4 所示。

图 5-3 单击"灵感大全"按钮　　　图 5-4 切换至"职场人"选项卡

步骤 03 在"职场人"选项卡中，如果撰写者直接选择模板，就会自动发送模板中的指令内容，让 AI 进行生成；如果撰写者想对模板内容进行编辑，则单击"精准会议纪要"模板右下角的"编辑后发送"按钮，如图 5-5 所示。

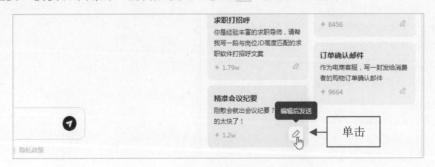

图 5-5 单击"编辑后发送"按钮

步骤 04 模板对应的指令内容会自动填入输入框中，更改会议时间，如图 5-6 所示。

图 5-6 更改会议时间

专家提醒

模板的指令内容分为固定内容和可编辑内容，其中可编辑内容呈蓝色。如果撰写者想修改指令内容，双击对应的可编辑内容即可。

步骤 05 按 Enter 键发送，即可套用模板生成相应的会议纪要，相关指令和回复内容如下。

提问

你是一位细心的会议记录员，请为我们制作会议纪要：
会议主题：新产品发布会后反馈分析会议。
会议时间：2025 年 12 月 20 日，上午 9:00。
会议地点：公司二楼会议室。
参会人员：市场部全体人员、产品部部长、高级项目经理。
主要讨论议题：新产品发布情况反馈、问题点分析、改进策略制定。
纪要要求：证实记录会议中的关键信息，语言简洁清晰，呈现逻辑性；确保内容的精确性和完整性。

智谱清言

会议纪要

会议主题： 新产品发布会后反馈分析会议。

会议时间： 2025 年 12 月 20 日，上午 9:00。

会议地点： 公司二楼会议室。

参会人员： 市场部全体人员、产品部部长、高级项目经理。

主要讨论议题：

1. 新产品发布情况反馈

2. 问题点分析

3. 改进策略制定

会议纪要内容：

1. 新产品发布情况反馈：

市场部全体人员对新产品发布会进行了反馈。大家普遍认为，新产品的功能特点得到了很好的展示，但一些细节方面还有待改进。产品部部长表示，会认真听取反馈意见，并对产品进行进一步的优化。

2. 问题点分析：

市场部人员和产品部部长共同分析了新产品发布过程中出现的问题点。主要包括产品功能介绍不够详细、演示环节不够流畅、现场互动环节不够活跃等。针对这些问题，大家进行了深入的讨论，并提出了相应的解决方案。

3. 改进策略制定：

针对问题点分析的结果，会议制定了以下改进策略：

- 加强产品功能介绍的培训，确保介绍内容详细、准确；

- 优化演示环节，提高演示效果；

- 增加现场互动环节，提高观众的参与度；

- 加强与合作伙伴的沟通，共同推进产品推广。

会议总结：

本次会议对新产品的发布情况进行了全面的分析和讨论，找出了存在的问题，并制定了相应的改进策略。希望市场部和产品部能够共同努力，将改进措施落实到位，为下一次的产品发布会做好充分的准备。

会议结束时间：2025 年 12 月 20 日，上午 11:30。

5.2.3　生成公文写作模板

扫码看视频

在让 AI 生成公文写作模板时，撰写者最好先让 AI 了解公文的特点、格式和要点，然后再让其生成，下面以通义为例介绍具体的操作方法。

 提问

请你先认真阅读和了解命令的特点、格式和要点，再生成一个写作模板。

命令是国家权力机关及其领导人所发布的具有强制执行效力的公文，具有强制性、指挥性和权威性这三个特点。

从格式结构上来说，命令一般是由标题、正文和命令的签署这三个部分组成。

1. 标题有"发文机关+事由+文种""发文机关+令""事由+文种""文种"四种写作形式。

2. 正文包括发文令号、主送机关、主体内容三个部分。其中，命令的主体内容一般由两部分组成，一部分是发布命令的"原因"；另一部分是"使命指挥"，说明受令者必须执行的事宜，以及命令生效的时间、执行的时限。

3. 命令的签署需要标注签发命令的机关或者法定作者及其职务、日期，并加盖公章。一般来说，日期是成文日期，位于署名下方，有的将日期标注在标题之下。

通义

命令写作模板

一、标题

[发文机关名称]关于[事由]的命令

(注：根据实际情况，标题可以选择"发文机关+事由+文种""发文机关+令""事由+文种"或"文种"等写作形式。)

二、正文

发文令号

(令号)

主送机关

[主送机关名称]：

主体内容

(一)发布命令的原因

[具体阐述发布此命令的背景、目的和必要性。]

(二)使命指挥

[明确说明受令者必须执行的事宜，包括具体任务、执行要求、责任划分等。]

[指定命令生效的时间和执行的时限，确保命令的及时性和有效性。]

三、命令的签署

[签发机关或法定作者名称]

[职务名称]

[日期]

(注：日期一般位于署名下方，也可标注在标题之下，并加盖公章。)

请根据实际情况，结合上述模板，进行具体的命令写作。确保命令的表述清晰、准确，具有强制性、指挥性和权威性。

第 6 章

审校：用 AI 提高公文质量

学前提示

除了满足撰写者撰写公文的需求之外，AI 还可以协助撰写者进行公文的审校和润色，例如检查内容、改写不妥之处、优化结构等。对公文进行润色可以增强其表达力，提升其质量和可读性，从而更好地发挥其功能。

要点提示

▶ 检查公文内容。

▶ 改写公文内容。

▶ 调整公文结构。

6.1 检查公文内容

检查公文内容分为两种情况：一种是让 AI 检查自己生成的公文内容；另一种是让 AI 检查撰写者写作的公文内容。一般来说，让 AI 检查自己生成的公文内容，只需在同一个聊天窗口中发送"请检查生成的内容是否有误"指令即可。本节主要介绍运用 AI 检查撰写者写作的公文内容的方法。

6.1.1 检查公文的字词

扫码看视频

在撰写公文的过程中，由于输入法错误和注意力不集中，出现错字、多字和少字等问题是非常常见的。字词问题违背了公文的审查原则，会影响公文的正式性和权威性，严重的还会导致公文传递的内容出错，影响正常工作。

因此，撰写者完成公文写作后，可以将整篇或部分公文提供给 AI，让它帮助检查存在的字词问题并进行修改，相关案例如下。

 提问

> 请帮我检查以下公文内容中存在的错别字。
> 1. 行业增长态势
> (1) 近几年，行业总体保持稳建增长，但增速有所放缓。
> (2) 新兴技术的快速发展为行业带来了新的增长点。
> 2. 消费者行为变化
> (1) 消费者对于个性化、定制化产品的需求日益增加。
> (2) 线上购物和社交媒体赢销成为消费者获取信息、购买产品的重要渠道。

🅒 文心一言

> 以下是您提供的公文内容中的错别字及其修改建议：
> 1. 行业增长态势
> (1) "稳建增长"中的"建"应为"健"：近几年，行业总体保持稳健增长，但增速有所放缓。
> (2) 此句没有错别字。
> 2. 消费者行为变化
> (1) 此句没有错别字。
> (2) "赢销"应为"营销"：线上购物和社交媒体营销成为消费者获取信息、购买产品的重要渠道。

专家提醒

在运用AI对公文进行润色修改时，撰写者可以根据需要选择自己喜欢的AI工具。本章选择使用文心一言平台来操作，是因为它有中文语言模型训练，训练数据主要是中文文本，这使得它能够更深入地理解中文的语境、语义和文化内涵。

6.1.2 检查公文的语法

语法错误是公文中经常出现的问题之一，这些错误可能会让受众对公文内容产生误解，从而降低公文的质量，削弱公文的可读性。撰写者可以让AI对提供的公文内容进行检查，找出存在的语法错误，并提供修改建议，相关案例如下。

扫码看视频

 提问

请检查以下公文内容是否存在语法问题，如果存在，请说明错误的原因，并提供修改意见
1. 短期计划(1～2年)
(1) 设立产品研发团队，明确研发方向和目标。
(2) 拓展线上销售渠道，加强与电商平台的合作。
(3) 开展线上线下相结合的营销活动，提升品牌知名度。
2. 中期计划(3～5年)
(1) 拓展国际市场，寻求与国际品牌的合作机会。
(2) 加大人才引进力度，增加企业管理水平和创新能力。
(3) 持续优化产品结构和市场布局，提升市场竞争力。

文心一言

这篇公文内容在整体结构上比较清晰，但在第二条中期计划的第(2)点中存在一处语法问题，具体如下：

问题：

在第二条中期计划的第(2)点"加大人才引进力度，增加企业管理水平和创新能力"中，"增加"与"企业管理水平和创新能力"的搭配不当。因为"增加"通常用于数量或程度的增加，而"企业管理水平和创新能力"是一个质量和能力的范畴，不适合用"增加"来描述。

修改意见：

将"增加"改为"提升"，即"加大人才引进力度，提升企业管理水平和创新能力"。这样的表述更为准确，因为"提升"可以用于描述质量和能力的提升。

修改后的内容：

2. 中期计划(3～5年)
(1) 拓展国际市场，寻求与国际品牌的合作机会。
(2) 加大人才引进力度，提升企业管理水平和创新能力。
(3) 持续优化产品结构和市场布局，提升市场竞争力。

6.2 改写公文内容

　　除了对公文内容进行检查之外，撰写者还可以向 AI 指出公文中存在的问题，并提供自己的要求，让它根据需求改写公文。

6.2.1 精简公文内容

　　公文并不是字数越多、句式越复杂越好，过多的文字和烦琐的叙述都可能使受众产生阅读疲劳，从而难以抓住重点并理解公文的核心信息。例如，在通知中添加太多强调事项重要性和必要性的话语，反而会让人忽略通知的具体事项。

　　因此，对公文内容进行精简可以提高公文的可读性和专业性，使重点更为突出和清晰。运用 AI，撰写者可以轻松完成公文内容的精简，相关案例如下。

 提问

通知格式的简便性要求其篇幅一般不宜过长，请根据这个要求，对下面这篇通知的内容进行精简，要求：突出通知的事项

市教育局关于印发《2027 年春季开学工作守则》的通知

各区县教育局，各市直学校，各有关单位：

为确保我市 2027 年春季开学工作有序、高效、安全进行，市教育局特制定并印发《2027 年春季开学工作守则》（以下简称《守则》）。现就有关事宜通知如下：

一、充分认识印发《守则》的必要性和重要性

印发《2027 年春季开学工作守则》是我市教育系统新学期工作的一项重要举措。开学工作涉及面广，任务繁重，需要各级教育部门和学校的高度重视和精心组织。印发《守则》，旨在明确开学工作的指导思想、基本原则、具体要求和保障措施，为各级教育部门和学校提供行动指南，确保开学工作有序、规范、高效进行。

同时，印发《守则》也是提升我市教育质量、加强教育系统内部管理的重要举措。通过明确教育教学、课程设置、教学方法等方面的要求，引导广大教师和教育工作者创新教育理念，提升教学能力，为学生提供优质的教育资源。此外，《守则》还强调了学校管理和学生安全等方面的内容，有助于营造安全、和谐、稳定的校园环境，保障学生的身心健康和全面发展。

二、认真学习和贯彻《守则》精神

各级教育部门和学校要认真组织学习《2027 年春季开学工作守则》，深入理解其精神实质和具体要求。要结合实际，制定切实可行的开学工作方案，明确任务分工，落实责任到人。同时，要加强与家长的沟通联系，共同做好学生的开学准备工作，确保学生顺利返校、安心学习。

请各区县教育局、各市直学校和各有关单位认真执行本通知精神，确保我市 2027 年春季开学工作圆满完成。

附件：《2027 年春季开学工作守则》

市教育局

××××年××月××日

 文心一言

市教育局关于《2027 年春季开学工作守则》的通知

各区县教育局，各市直学校，各有关单位：

为确保 2027 年春季开学工作有序进行，市教育局已制定并印发《2027 年春季开学工作守则》(以下简称《守则》)。请各单位注意以下事项：

一、学习并贯彻《守则》

请各级教育部门和学校认真学习《守则》，明确开学工作的指导思想、基本原则和具体要求，制定切实可行的开学工作方案。

二、加强家校沟通

加强与家长的沟通联系，共同做好学生的开学准备工作，确保学生顺利返校、安心学习。

三、确保工作落实

请各单位认真执行本通知精神，确保春季开学工作有序、高效、安全进行。

附件：《2027 年春季开学工作守则》

市教育局

××××年××月××日

6.2.2　修改公文标题

对于公文而言，标题是其文种和内容的体现。因此，一个好的公文标题应该简洁、直接，并与公文内容相符。另外，像发言稿、调查报告等公文，标题在保持简洁、直接和符合公文内容的前提下，可以适当调整以增强标题对内容的概括力。

扫码看视频

公文标题的常见问题有文不对题、要素缺失、成分多余等。下面以让 AI 修改成分多余的公文标题为例，介绍具体的操作方法。

提问

下面这篇请示的标题中有多余的成分，请指出问题，并对其进行修改，使标题简洁、直接，符合公文内容

关于开展××××年市级应急演练项目实施××××年××市农机事故应急救援预案演练工作的请示

×市人民政府：

根据××市人民政府办公厅关于开展××××年市级应急演练项目的通知精神，我局已制定了××××年××市农机事故应急救援预案演练工作程序，请市政府批准实施。

附件:
1. ××××年××市农机事故应急救援预案演练工作程序
2. ××××年××市农机事故应急救援预案演练现场会议程
××市农业机械化管理局
××××年××月××日

文心一言

标题中的问题:

原标题"关于开展××××年市级应急演练项目实施××××年××市农机事故应急救援预案演练工作的请示"中,"开展××××年市级应急演练项目实施"这部分显得冗长且重复,因为"开展"和"实施"在语义上相近,而"××××年市级应急演练项目"和"××××年××市农机事故应急救援预案演练工作"也存在内容上的重叠。

修改后的标题:

关于实施××××年××市农机事故应急救援预案演练的请示

6.2.3　分条列项进行表述

扫码看视频

　　分条列项指的是在回答问题或表述内容时,一条一条地逐项列出存在的要点、错误或问题。采用分条列项的方式可使内容更加清晰、有条理,便于受众理解和记忆。撰写者可以借助 AI 对公文中的某些内容进行改写,使其重点更突出,具体案例如下。

提问

下面是《F 大学宿舍公用电器间使用守则》的部分内容,请用分条列项的方式对其进行改写,可以适当进行内容的扩充,不需要生成完整的守则内容

一、目的

在宿舍楼每层设立公用电器间的目的在于方便学生集中使用公共电器设备,如吹风机、熨斗等,避免在宿舍内使用大功率电器引发的安全隐患。此举不仅能保障学生的用电安全,还能维护宿舍环境的整洁与和谐。

文心一言

《F 大学宿舍公用电器间使用守则》部分内容的分条列项改写:

一、设立目的

1. 方便集中使用: 在宿舍楼每层设立公用电器间,旨在为学生提供一个集中使用公共电器设备的场所,如吹风机、熨斗等。

2. 避免安全隐患: 此举旨在减少学生在宿舍内私自使用大功率电器可能引发的安全隐患,确保学生用电安全。

3. 维护环境整洁: 公用电器间的设立有助于维护宿舍环境的整洁与和谐,减少因电器使用不当导致的卫生问题。

6.3 调整公文结构

公文结构是指一篇公文的布局方式，包括内容安排和段落划分等方面。优化公文结构可以突出重点信息、提升公文的可读性和受众的阅读体验。

6.3.1 提炼段落主题句

扫码看视频

主题句是指段落中的核心句，通常出现在段落的开头。它高度概括了段落的主要观点，可以清楚、直接地表达段落主题。AI 可以根据段落的内容提炼出相应的主题句，让公文的重点更突出，具体案例如下。

 提问

请分别提炼出下面两段公文内容中的主题思想，用不超过 10 个字、语意完整的动宾式短句进行表述

尽管我们已对沿河工业企业进行了排查和整改，但仍有个别企业存在偷排、超标排放等违法行为。这些企业往往利用夜间或监管盲区进行非法排放，给河流带来了持续的污染压力。

部分畜禽养殖场存在养殖废弃物处理不当的问题，导致养殖废水直接排入河流，增加了水体中的氮、磷等营养物质，加剧了水体富营养化现象。

文心一言

1. **主题思想**：排查企业违法排放。
2. **主题思想**：养殖场废水直排河流。

6.3.2 调整句式结构

扫码看视频

一般来说，任何文章都是由多个句子组成的。每个句子都是表达完整思想或信息的基本单位，通过合理组合，这些句子共同构建了文章的逻辑框架和内容表达。因此，句式结构可以被视为公文结构的基本单元。

常见的句式结构问题有主谓不一致、句子成分残缺、句子成分多余、语序不当、句式杂糅等。下面以让 AI 解决句子成分多余问题为例，介绍具体的操作方法。

 提问

请判断下面的句子是否存在句子成分多余的问题，如果存在，请给出修改建议

鉴于当前的市场经济形势以及根据我们最近的市场调研数据报告所显示的结果，我们强烈建议公司应该对现有的销售策略进行相应的调整。

文心一言

是的，这个句子存在句子成分多余的问题。

在句子"鉴于当前的市场经济形势以及根据我们最近的市场调研数据报告所显示的结果，我们强烈建议公司应该对现有的销售策略进行相应的调整"中，"根据"和"所显示的结果"这两个部分造成了冗余。因为"鉴于"已经表示了后面是一个根据的理由或情况，而"根据我们最近的市场调研数据报告所显示的结果"则再次强调了这一点，使得句子显得冗长和重复。

为了修正这个问题，我们可以去掉"根据"和"所显示的结果"，使句子更简洁明了。修改后的句子可以是："鉴于当前的市场经济形势和我们最近的市场调研数据报告，我们强烈建议公司应该对现有的销售策略进行相应的调整。"

第7章

AI 写作法定类公文

学前提示

　　法定类公文是党政机关、单位团体为实施指挥、履行职能、处理公务等目的而发布的文体，具有法定性和规范性，表现为报告、请示、公告、通知、函等不同样式。本章主要介绍 10 种法定类公文的基础知识、AI 写作的方法及相关的写作技巧，旨在帮助撰写者掌握法定类公文的写作方法。

要点提示

▶ 了解法定类公文。

▶ AI 写作报告。

▶ AI 写作请示。

▶ AI 写作公告。

▶ AI 写作通知。

▶ AI 写作函。

▶ AI 写作通报。

▶ AI 写作批复。

▶ AI 写作命令。

▶ AI 写作决定。

▶ AI 写作纪要。

▶ 掌握写作技巧。

7.1 了解法定类公文

扫码看视频

法定类公文，即政府、机关、企事业单位等依照法定程序制作，具有特定格式和法律效力的文件，它们用于传达政策、指令，报告事项，记录信息等，因其法定的权威性和约束力，在组织管理和公务活动中发挥着重要作用。本节主要介绍十种法定类公文的基础知识。

1. 报告

在实际工作中，每一项工作或任务完成后，都应该以报告的形式对其基本情况、经验教训、存在的问题和设想等进行介绍，以便上级领导机关了解相关情况。因此，报告主要用于汇报工作、反映情况和答复上级机关的询问，具有汇报性、广泛性、陈述性和单向性的特点。

在结构方面，报告主要包括标题、主送机关、正文和落款四个部分，下面进行介绍。

(1) 标题。

报告的标题也分为"发文机关+事由+文种"和"事由+文种"两种形式，与前面介绍的公文文种的标题类似。但要注意的是，报告不能以文种"报告"来单独命名。

(2) 主送机关。

报告一般只有一个直接上级机关，因此其在标注主送机关时也只对其加以注明。

(3) 正文。

报告的正文由开头、主体和结尾这三个部分组成。其中开头部分主要是对报告的目的、根据或意义进行说明。而在结尾部分，报告或以简短的文字概括全文，或以"请审核""请查收""特此报告"等惯用语结束全文。

至于其主体部分，一般应包括三个方面的内容，即具体情况、针对出现的情况进行说明及最后得出结论。

当然，当汇报的内容较多且复杂时，可以用分条列项或小标题的形式来安排结构，并在逻辑上按从主到次的顺序排列。

(4) 落款。

报告的落款一般包括三个方面的内容，即发文机关名称、印章和发文日期。若标题中已写明了发文机关名称，此处可省略。

2. 请示

请示是一种请求性公文，是一种比较常用的上行文，是下级机关向上级机关就解决某种问题或批准某一事项而使用的文体。请示具有内容的请求性、结果的求复性、成文的先行性和形式的单一性四个特征。

根据请示的内容和写作意图的不同，可以将其分为三类，具体如下。

(1) 请求指示性请示。这类请示主要是政策性问题方面的请示，一般包括对政策规定做出解释的请示、对灵活处理的问题做出审查的请示、对处理突然出现的问题做出指示的请示。其目的是获得相关问题的指示性观点。

(2) 请求批转性请示。这类请示主要是针对不在自己职权范围内但需要有关方面协同办理的内容而提出的，其目的是请求上级机关审定后批转执行。

(3) 请求批准性请示。这类请示是针对某些事项向上级行文请求批准而提出的，其目的是通过获得批准来解决在人力、财力、物力方面的困难。

请示的结构一般包括标题、主送机关、正文和落款四部分，具体内容如下。

(1) 标题。

请示的标题一般分为两种形式，具体如下。

- "发文机关+事由+文种"形式，如《农业局请求转发<进一步完善农村土地承包关系工作方案>的请示》
- "事由+文种"形式，如《关于增设秘书专业的请示》。

(2) 主送机关。

与其他公文相比，请示的主送机关只有一个，而不是多个。

(3) 正文。

请示的正文按照开头、主体和结尾来划分。具体来说，开头应陈述请示的缘由。正文部分应详细说明请示的具体事项，而结尾部分则应使用请示的习惯用语来结束全文。

开头的请示缘由部分，是上级机关进行针对性批复的依据。主体的请示事项部分，是具体陈述请示的内容，必须写清楚。结尾的惯用语部分，一般应写"当/妥否，请批示/复""以上请示，请予审批"等。

(4) 落款。

与其他公文一样，请示的落款一般也包括两个方面的内容：发文机关名称和成文日期。当然，如果在标题中已写明了发文机关，此处可不再标注，但需加盖单位公章。

3. 公告

公告是一种非常重要的党政公文文种，其发布范围广泛，主要起晓谕性作用。它具有广泛性、限制性、重大性和新闻性四个特点。

从种类上看，在党政公文范畴内，公告主要有以下两种。

(1) 法定事项类的公告。这类公告主要用来公布带有法律、法规性质的事项。公告之后，各级机关和相关人员必须遵守。在此，带有法律、法规性质的事项包括法规或规章本身，也包括需要经法定程序产生的事项。

(2) 重要事项公告。这类公告的主要内容涉及国家的政治、经济、军事等与国家事务关系密切的方面，且这些事项一般都是公告给全民的。

在党政公文范畴外，还有一些类型的公告，如招标公告、申请专利的公告等专业性公告，以及向特定对象发布的公告(如法院诉讼文书间接送达的公告)等。

一篇完整的公告，应该包括四部分内容，具体如下。

(1) 标题。

在公告的标题中一般有三个要素，即发文机关或会议名称、事由和文种。公告的标题可以根据不同的要素组合，呈现出多种不同的形式，具体如下。

- "发文机关/会议名称+文种"形式。这是公告标题最常见的构成方式，如《中华人民共和国全国人民代表大会公告》。
- "发文机关/会议名称+事由+文种"形式。这是一种用于内容较多、事由较复杂的公告标题形式，如《中国人民银行关于进一步改革外汇管理体制的公告》。
- "事由+文种"形式。这种公告把事由在标题中体现了出来，如《关于建设党员责任区的公告》。由于这种公告标题中没有注明发文机关或会议名称，因此需要在落款处注明。

(2) 发文字号。

在公告的格式中，发文字号可有可无。只有当同一发文机关需要在短时间内发布多份公告时才标明发文字号，其他情况下则不必注明。

(3) 正文。

公告的正文一般由两部分组成，即公告的原因和具体事项。其中，关于公告的原因，撰写者可以选择性地加以介绍，但要简明扼要；对于公告的具体事项，应该根据内容的多少选择不同的陈述方式。无论采用何种方式，都应该做到语言得体、精练，层次清晰、分明。

(4) 落款。

与其他公文一样，公告的落款也包括署名和日期两项。如果在标题中已写明发文机关，此处不再标注。

4. 通知

通知是一种知照性公文文种，在日常生活中，这类公文运用得非常广泛。它的目的就是通过通知的形式以公开的方式向相关单位和个人传达某一事项或文件。

一个完整的通知通常包括标题、主送机关、正文和落款四部分，下面对各部分进行介绍。

(1) 标题。

一般来说，通知的标题有以下两种形式。

- "发文机关+事由+文种"形式。这是一般通知标题的常规写法。
- "事由+文种"形式。这是在上一种形式的基础上省略了发文机关的写作形式。

另外，发布规章的通知标题必须把规章名称用"《》"括起来，并表现在标题中。

(2) 主送机关。

由于通知的发文对象众多，其主送机关也相应较多，因此在排列主送机关时应注意合乎规范。对主送机关排序时，应该遵循以下原则。

- "先外后内"原则。也就是说，排在前面的应该是同一级别的下级地方政府，然后才是本机关的职能部门。
- "党政军群"原则。也就是说，在对主送机关排序时，应该按照党、政、军、群四个系统的先后排列。这是在党的文件中运用得比较多的原则。

(3) 正文。

通知的正文按照开头、主体和结尾三个部分来划分。具体来说，开头应陈述缘由，主体部分应详细陈述事项，而结尾部分则提出要求，具体内容如下。

- 缘由陈述部分，主要是对通知的背景、根据和意义等进行陈述。但批转、转发性通知则不同，这类通知一般直接陈述转发对象和转发决定，不说明通知缘由。
- 事项陈述部分，这是通知的核心部分。它针对通知的具体事项，如发布的指示、提出的方法等进行叙述，以便被通知者依照执行或了解。
- 要求提出部分，这一部分并不是所有通知都具备的，如果通知的篇幅短小或没有必要提及要求，就可以省略此部分。

(4) 落款。

通知的落款一般包括发文机关、发文日期和发文机关印章。如果通知的标题中已经注明了发文机关，此处则不再标注。

5. 函

函是公文中唯一的平行文种，主要用于同级机关之间的行文。其应用范围十分广泛，在实际应用中表现出沟通性、灵活性与单一性三个特征。

根据函的性质不同，可以将其分为公函和便函。公函主要用于机关单位正式的事务往来；而便函则用于日常工作的处理，其格式较为随意，只需要在结尾写上机关单位名称、时间并加盖公章即可。

根据发文目的不同，可将函分为发函和复函。发函是指主动提出事项的函；复函则是指回复事项的函。另外，从不同的角度还可以把函分为许多不同的类别，如商洽事宜函、通知事宜函、邀请函、催办函、答复事宜函等。

由于函的灵活性，其格式和内容都没有其他公文那样严格，具有很大的机动性。

下面主要介绍规范性公函的格式要点。

规范性公函主要由标题、主送机关、正文和落款四部分组成。

(1) 标题。

一般来说，函的标题有以下两种形式。

● "发文机关+事由+文种"形式，如《×××(发文机关名称)关于×××(事件)的函》。

● "事由+文种"形式，如《关于××(事件)的函》

需要注意的是，复函需要在标题中标明"复函"，还可以添加回复机关的名称。

(2) 主送机关。

主送机关一般只有一个，有的也有多个，指的是受函并办理事项的机关单位。主送机关的名称应在函的开头顶格写明，可以使用全称或者规范化简称，后面标冒号。

(3) 正文。

函的正文一般包括发函缘由、说明致函事项和结尾三个部分。

发函的缘由部分应概括地介绍发函的目的和原因等；复函的缘由部分一般引叙来函的标题，接下来再交代发函缘由。

说明致函事项部分内容单一，一封函叙述一件事，使用简洁、得体的语言把需要解决的事情叙述清楚，复函还要明确答复来函事项。

结尾部分一般是向对方提出希望、要求或者处理意见。结尾中的惯用语有"特此函询""请即复函""特此函复"等。当然，在便函中也可以像普通信件一样，使用"此致""敬礼"这样的结束语。

(4) 落款。

函的落款包括署名、成文时间和公章三部分。

6. 通报

通报是上级机关将表彰、批评、情况等向下级机关做出说明的公文文种。通报具有教育性、告知性和政策性三个特征，在日常生活中有着广泛的应用。

在一篇通报中，一般包括标题、成文日期、主送机关、正文和落款五个部分。每个部分都有其特有的格式，具体如下。

(1) 标题。

通报的标题一般有以下几种形式。

● "发文机关+事由+文种"形式。

● "事由+文种"形式。

● 有时还会视情况撰写标题，如以"通报"为名。

(2) 成文日期和主送机关。

通报在格式上比较自由，如有些通报把成文日期置于落款中，而不单独标注；有些通报不注明主送机关，这些都是允许的。

(3) 正文。

通报的正文可分为三部分，即提出问题、分析问题和解决问题，这三部分是每一篇通报都必须重视并清晰阐述的内容。

(4) 落款。

大多数通报的这一部分都包含发文机关、发文机关印章和发文日期。只有在前面有了发文字号的情况下，才可以在此处省略发文机关及其印章。

7. 批复

批复，即批示、答复，是上级机关用来答复下级机关的一种公文文种，与"请示"相对。批复具有针对性、被动性、明确性和权威性四个特点。

按其内容，批复可以分为三类，具体如下。

(1) 指示性批复：内容较多，篇幅较长，是对请示事项的执行或其他方面提出指示性意见的批复。

(2) 审核性批复：内容较少，篇幅较短，主要是对请示事项表明同意、需要修改和反对的态度。

(3) 阐释性批复：针对请示中提出的有关法规、政策方面的问题做出阐释。

从结构上看，批复与请示一样，也是由标题、主送机关、正文和落款四部分组成的，具体内容如下。

(1) 标题。

批复的标题与其他公文的标题有一些区别，其写法具体如下。

- "发文机关+事由+文种"形式。这一类批复标题中的"事由"包括下级机关、请示事由和问题等方面，当所要批复请示的标题也包括这些方面时，批复的标题就相当于"发文机关+请示原标题+文种"的形式。
- "发文机关+请示事项+文种"形式。
- "发文机关+表态词+请示事项+文种"形式。

(2) 主送机关。

与请示相对，批复的主送机关即请示的发文机关。如果批复内容涉及其他机关和单位，必须用抄送的形式将批复送达它们。

(3) 正文。

批复的正文包括开头、主体和结尾三部分，其中主体部分即对批复事项和内容进行陈述。而开头和结尾部分则有着不同的写法，如表 7-1 所示。

表 7-1　批复的开头和结尾的写法

部分	具体内容
开头	必须以引述请示的话来开头，一般有以下四种形式。 (1)引述请示的日期和请示事项，如"××年×月×日关于……问题的请示收悉"。 (2)引述请示的日期，如"××××年×月×日来文收悉"。 (3)引述请示日期和发文字号，如"××××年×月×日……号文收悉"。 (4)引述请示日期和名称，如"××××年×月×日《……的请示》收悉"
结尾	批复的正文结尾可以写成以下三种形式。 (1)省略结束语，答复完请示事项即结束。 (2)用批复惯用语，如"此复""特此批复"等。 (3)提出希望和要求，并加惯用语

(4) 落款。

批复的落款与其他公文一样，包括发文机关、成文日期和发文机关印章三项内容。

8. 命令

命令是国家权力机关及其领导人所发布的具有强制执行效力的公文。命令具有指挥性，通常由上级机关用于指挥下级机关的学习、工作等。

命令作为一种严肃的公文形式，其使用范围也有着严格的界定，一般只有在公布行政法规和规章制度、宣布施行重大强制性的行政措施、批准授予和晋升衔级，以及嘉奖有关单位和人员时才能使用。

1) 命令的特点

命令具有三个特点，即强制性、指挥性和权威性，下面分别进行介绍。

(1) 强制性。

命令是公文中最具强制性特征的文种，强制受令者无条件服从，命令一经发布，必须迅速执行。

(2) 指挥性。

命令的指挥性主要体现在命令的内容能够指挥下级机关及其有关人员执行，以及上级机关指挥下级机关执行。

(3) 权威性。

上级机关对下级机关具有法定的权威性，因此上级机关下发给下级机关的命令公文也具备权威性。

2) 命令的结构

从结构上来说，命令一般由标题、正文和命令的签署三部分组成，下面分别进行介绍。

(1) 标题。

通常来说，命令的标题有四种形式，具体如下。

- "发文机关+事由+文种"，如《×××(发文机关名称)关于××(事件)的命令》。
- "发文机关+令"，如《×××令》。
- "事由+文种"，如《××(事件)的命令》。
- "文种"，如《嘉奖令》。

在命令的标题中，发文机关是由发文机关的全称加"命令"或者"令"字组成，居中，一般采用红色宋体字。

(2) 正文。

命令的正文包括发文令号、主送机关、主体内容三个部分，具体内容如下。

- 命令的发文令号应当位于发文机关标志下空两行处，并在发文令号之下再空两行排列正文内容。
- 在命令中，有时候有主送机关，有时候则没有，这需要根据实际情况来决定。
- 命令的主体内容一般由两部分组成：一部分是发布命令的"原因"；另一部分是"使命指挥"，说明受令者必须要执行的事宜，以及命令生效的时间、执行的时限。

(3) 命令的签署。

签署命令时，必须注明签发命令的机关名称或者法定作者及其职务、签发日期，并加盖公章。一般来说，日期是成文日期，位于署名下方，有的将日期标注在标题之下。

3) 命令的格式

根据命令颁布的条文内容不同，其格式也不相同，具体内容如下。

(1) 公布令的格式。

公布令是命令中的一种格式，用于颁布行政法规和规章。公布令由标题、正文、签署和附件构成。

公布令的正文一般都比较简短，包含颁布该项行政法规和规章的机关或会议名称、批准时间、生效与执行时间，如果是对行政法规和规章进行的修订，也需要在正文中进行说明。

因为公布令的目的是为了颁布行政法规和规章，因此需要在附件部分添加相关的法制文书，以增强其法律效力。

(2) 行政令的格式。

行政令是国家领导机关或领导人发布的强制实施某项重大行政措施的命令形式。行政令由标题、正文、签署三部分组成，正文则由发令原因、事项、施行要求三部分组成。

(3) 嘉奖令的格式。

嘉奖令是中央机关对取得重大功绩的个人或集体进行公开表彰的一种命令形式。嘉奖令是一种比较庄重的公文，通常由级别较高的发文单位发布，具有强制性、指挥性与权威性。

与其他命令形式不同的是，嘉奖令的内容比较丰富，篇幅比较长，在正文中包含被表彰对象的功绩、嘉奖决定、号召。

(4) 惩戒令、任免令和撤销令的格式。

惩戒令用于惩戒有关单位和下级不适当的决定。惩戒令的正文同样包括三个部分，即惩戒的原因，主要是被惩戒人员的犯错事实及其造成的不良后果；惩戒的手段；惩戒的意义。

任免令就是用于任免国家重要干部和工作人员的命令。其正文部分必须包括任免的依据和事项这两个部分。

撤销令是上级机关撤销下级机关不合适措施或决定的命令。

9. 决定

从公文文种的角度来看，决定是一种指令性的下行文。一方面，它需要对重要事项或重大行动做出决策或安排；另一方面，它还要求相关部门贯彻执行，只有这样，才能最好体现决定的意图。

1) 决定的特点

一般来说，决定具有以下几个方面的特性。

(1) 决策性。在决定的形成和应用过程中，集中体现了领导机关的决策和指挥意志。

(2) 强制性。从强制性方面来说，决定仅次于命令。决定的制发机关是党政机关，其权威性要求下级机关必须贯彻执行。

(3) 确定性。决定的内容要求在相当长的时间内贯彻执行，并且发挥作用的时限相当长。

(4) 指导性。决定是一种为下级机关的工作提供准则的公文文种，因此具有指导性。

2) 决定的分类

决定这一公文文种，从内容和用途上来说可以分为以下三类。

(1) 决策知照性决定。它是把其决策知照给相关单位和个人的决定种类，如对个人、单位进行表彰或处分的决定，对某一普遍性重大问题认识的决定等。

(2) 部署指挥性决定。这类决定一般都是针对重要事项或重大行动的。

(3) 法规政策性决定。一般指建立、修改某项法规或确定大政方针的决定。

3) 决定的结构

决定一般由标题、成文日期、主送机关、正文和落款五个部分组成，下面分别进行介绍。

(1) 标题和成文日期。

决定的标题形式为"制发机关+事由+文种"，这是其基本形式。如果决定是由会议通过的，那么在标题下方居中位置必须用括号注明成文日期和会议名称；如果不是由会议通过的，那么成文日期既可以标注在标题下，又可以标注在落款处。

(2) 主送机关。

在决定的写作中，主送机关这一项并不是必须具备的。当决定的制发机关非常明显、确定时，可以省略主送机关。

(3) 正文。

决定的正文也是由开头、主体和结尾组成的。

- 开头。在决定的开头，一般会写明做出决定的缘由和依据，如"目前……/根据……/为了……，现决定："是很常见的开头写法。
- 主体。决定的主体部分主要是对做出决定的具体事项进行介绍。当然，也可以重点阐述做出决定的依据。
- 结尾。在决定的结尾，一般会根据决定内容提出具体希望与要求，以便人们贯彻执行或为实现将来的目标而努力。

(4) 落款。

落款处必须注明决定的制发机关，并在其上加盖印章。当决定的标题下没有标注成文日期时，则在此标注。

10. 纪要

纪要是一种法定公文，其主要作用是记载和传达会议中的各项情况。从行文方向来看，纪要属于泛行文，既可以上传下达，也可以在平级之间传递信息。

根据工作环境的不同，可以将纪要类的公文分为办公会议纪要、工作会议纪要、协调会议纪要和研讨会议纪要四个类别。

纪要在行文中展现出纪实性、条理性、概括性和称谓特殊性四个特征，下面分别进行介绍。

(1) 内容的纪实性。纪要是对会议情况的一个记录，必须如实反映会议中的议定事项，绝不能脱离实际。

(2) 记录的条理性。在纪要中，必须条理清晰地对会议精神和议定事项进行分层、归纳和概括。

(3) 表达的概括性。纪要是对会议内容的一个记录，但不能将记录的重点放在叙述会议过程上，而是要用精炼、概括性的语言来介绍会议成果。

(4) 称谓的特殊性。由于会议纪要需要反映与会人员的意向，因此通常采用第三人称的写法，并用"会议"作为主体，使用"会议认为""会议决定""会议……"等惯用语来阐释议定事项。

纪要主要由标题、导言、文号格式、制文时间、正文和结尾六个部分组成，下面分别进行介绍。

(1) 标题。

纪要的标题有两种形式，具体如下。

- "会议名称+纪要"形式，如《××会议纪要》，也就是在"纪要"两字前面加上会议的名称，会议名称可以简写。也可以用会议地点代替会议名称。
- 在标题中标注出会议的主要内容，如《关于××(会议内容)会议纪要》。

(2) 导言。

在导言部分，主要是对会议内容进行简略的概括，具体包括形势和背景、主旨思想和开会目的、会议的基本信息(会议的名称、时间、地点、与会人员、主持人等)、议题及总结和评价。

(3) 文号格式。

文号格式一般写在纪要标题的正下方，由年份和序号组成，用阿拉伯数字标出，并用"〔 〕"括入年份，例如〔2026〕13 号。

值得注意的是，办公会议纪要并不对文号做过多要求，一般用"第××期""第××次"标出。

(4) 制文时间。

制文时间可以写在标题下方，也可以写在正文的右下方，使用阿拉伯数字明确标注，如 2026 年 7 月 2 日。

(5) 正文。

正文部分通常包括会议的主要内容、精神、原则、会议结果及今后的任务与展望。在撰写正文时，要重视客观实际，反映出会议的全貌，具体内容如下。

- 从实际出发，客观记录会议的具体内容，抓住会议的中心思想、中心理论，条理清晰地对其进行记录。
- 对会议内容进行概括，真实地反映会议全貌，对于尚未解决或者存在分歧的问题，需要逐一记录并明确标注分歧点。
- 采用"会议指出""会议认为""会议强调"等惯用语，强调会议内容。
- 对于介绍性的文字，撰写者可以自由叙述；而对于引用类的文字，必须根据原意来撰写，绝不能篡改。

(6)　结尾。

在纪要的结尾，一般是提出希望和号召，具体要根据会议内容和纪要要求来确定。

专家提醒

根据《党政机关公文处理工作条例》的规定，法定类公文一共有15种。本章选取了十种比较常见的公文进行介绍，此外还有决议、公报、通告、意见和议案五种公文，感兴趣的读者可以自行了解。

7.2　AI 写作报告

扫码看视频

在使用 AI 写作报告时，撰写者需要先让 AI 了解报告的格式和要点，再介绍报告的写作背景，最后将具体的写作要求告知 AI，相关案例如下。

 提问

我需要你帮我写一篇报告，请根据步骤来完成任务。

步骤一：阅读和了解"报告的格式和要点"。

步骤二：了解"报告的写作背景"。

步骤三：根据"写作要求"完成报告的写作。

"报告的格式和要点"：

报告主要包括标题、主送机关、正文和落款这四部分。

1. 标题：分为"发文机关+事由+文种"和"事由+文种"两种形式。

2. 主送机关：一般只标注一个直接上级机关。

3. 正文：由开头、主体和结尾三部分组成。

(1)　开头：对报告的目的、根据或意义进行说明。

(2)　主体：针对某种情况做出报告，主要包括三个方面的内容，即具体情况、针对出现的情况进行说明以及最后得出结论。当汇报的内容较多且复杂时，可以用分条列项或小标题的形式来安排结构，并在逻辑上按从主到次的顺序排列。

(3)　结尾：或是以简短的文字概括全文，或是以"请审核""请查收""特此报告"等字样结束全文。

4. 落款：一般包括发文机关名称、印章和发文日期。若标题中已写明发文机关名称，此处可省略。

"报告的写作背景"：

2025 年，A 市的旅游市场的服务质量得到了显著提升，主要成效包括服务质量提升政策体系进一步健全、服务质量主体责任进一步压实、服务质量提升工作基础进一步夯实和信用体系建设迈入深化应用阶段等，但也依然面临着上级部门对质量工作提出的新要求、行业发展对质量提升工作提出的新需求和游客对服务质量寄予的新期待这三个挑战。

未来，A 市文旅广电局会从加强行业质量文化建设、完善旅游服务质量基础设施、提升旅游管理和服务水平、提升综合监管效能和创新质量人才培养模式这五个方面继续努力。

"写作要求"：

2026 年 1 月 13 日，A 市文旅广电局需要写一份报告，向 Y 省文旅厅介绍 2025 年的旅游市场服务质量提升情况，要求：格式和要素齐全，用客观口吻来写作，将主要成效、面临的挑战和努力的方面用阿拉伯数字的形式分点进行陈述，报告中不能出现格式和要点的名称。

🔷 文心一言

A 市文旅广电局关于 2025 年旅游市场服务质量提升情况的报告

Y 省文旅厅：

我局现就 2025 年 A 市旅游市场服务质量提升情况向您作如下报告：

一、主要成效

1. 服务质量提升政策体系进一步健全。我市通过制定和完善一系列旅游服务质量相关政策，为旅游市场的健康发展提供了坚实的制度保障。

2. 服务质量主体责任进一步压实。我局强化了对旅游企业的监管，明确并压实了旅游服务质量主体责任，使旅游企业更加重视提升服务质量。

3. 服务质量提升工作基础进一步夯实。通过加大投入，加强旅游基础设施和服务设施建设，我市旅游服务质量提升工作基础得到了进一步夯实。

4. 信用体系建设迈入深化应用新阶段。我市积极推进旅游市场信用体系建设，建立了完善的信用信息记录和公示制度，为旅游市场的有序发展提供了有力支撑。

二、面临的挑战

1. 上级部门对质量工作提出的新要求。随着旅游市场的不断发展，上级部门对旅游服务质量的要求也在不断提高，我市需进一步加强旅游服务质量提升工作。

2. 行业发展对质量提升工作提出的新需求。旅游行业的快速发展对旅游服务质量提出了新的要求，我市需不断创新旅游服务质量提升方式，满足行业发展需求。

3. 游客对服务质量寄予的新期待。随着游客消费观念的升级，游客对旅游服务质量的要求也在不断提高，我市需进一步提升旅游服务质量，满足游客的期待。

三、努力的方面

1. 加强行业质量文化建设。我市将进一步加强旅游行业质量文化建设，提升旅游企业和从业人员的质量意识和服务意识。

2. 完善旅游服务质量基础设施。我市将继续加大投入，完善旅游基础设施和服务设施建设，提升旅游服务质量。

3. 提升旅游管理和服务水平。我市将加强旅游管理和服务人员的培训，提升旅游管理和服务水平，为游客提供更加优质的服务。

4. 提升综合监管效能。我市将加强旅游市场综合监管，加大对违法违规行为的打击力度，维护旅游市场秩序。

5. 创新质量人才培养模式。我市将积极探索新的质量人才培养模式，为旅游行业培养更多高素质、专业化的质量人才。

以上为我市 2025 年旅游市场服务质量提升情况的报告，请予以审核。

A 市文旅广电局

2026 年 1 月 13 日

7.3　AI 写作请示

扫码看视频

在使用 AI 写作批准性请示时，撰写者应当在指令中将需要批准的事项完整地阐述出来，有具体数据的要将数据表示清楚，相关案例如下。

 提问

请示一般包括标题、主送机关、正文和落款这四部分。其中，正文按照开头、主体和结尾划分。具体来说，开头应陈述请示的缘由、说明请示的具体事项，结尾部分则应使用请示习惯用语"当/妥否，请批示/复""以上请示，请予审批"等结束全文。

2026 年××市国土资源局办公室根据城市总体规划和土地利用总体规划，以及《土地储备管理办法》的规定，拟收储土地约 18 公顷，收储资金约需 3600 万元，现需要向市政府进行请示，请你帮忙写一篇标题为"关于报请批准××市 2026 年储备土地计划的请示"的公文，要求：格式正确，日期为 2026 年 2 月 4 日。

文心一言

关于报请批准××市 2026 年储备土地计划的请示

××市人民政府：

根据我市城市总体规划和土地利用总体规划的要求，结合《土地储备管理办法》的相关规定，为进一步优化土地资源配置，提高土地利用效率，促进城市可持续发展，我局拟定了 2026 年储备土地计划。现将有关情况报告如下：

一、请示缘由

随着我市经济的持续发展和城市化进程的加快，土地作为城市发展的重要资源，其储备与管理工作显得尤为重要。本次土地储备计划旨在为我市未来的城市建设和产业发展提供坚实的土地保障，同时也有助于规范土地市场秩序，促进土地资源的合理利用。

二、具体事项

(一)收储土地范围及规模

本次计划拟收储土地位于我市××区域，总面积约 18 公顷，均为城市规划范围内的建设用地。

(二)收储资金来源及预算

本次土地收储所需资金约 3600 万元，主要来源于市级财政预算及土地出让收入。我局已编制详细的资金使用计划，确保资金使用的合规性和有效性。

(三)后续利用计划

收储后的土地将按照城市总体规划和土地利用总体规划的要求进行合理利用，优先用于我市重点产业项目、公共服务设施和基础设施建设等领域。

三、请示事项

鉴于本次土地储备计划的重要性和紧迫性，特向市政府请示如下：

1. 请批准我局按照本计划实施土地收储工作；

2. 请协调相关部门在资金、政策等方面给予支持和配合；

3. 请指导我局做好收储土地的后续利用工作，确保土地资源的有效利用。

当否，请批示。

××市国土资源局办公室

2026 年 2 月 4 日

7.4 AI 写作公告

扫码看视频

写作公告时，不需要使用修辞手法或复杂的句式，只需要用简洁、准确的语言将事项交代清楚即可，相关案例如下。

 提问

K 市交通运输局的海事窗口(原地方海事局政务分中心窗口)将搬迁至市政务服务中心，具体地址为 K 市 H 区 H 路 101 号 K 市政务服务中心三楼交通运输窗口，搬迁时间为 2025 年 8 月 14 日(星期四)至 15 日(星期五)，搬迁后将于 8 月 18 日(星期一)在新址对外运行，服务时间为工作日的上午 9 点至 12 点、下午 1 点至 5 点，咨询电话为××××-×××××，需要写一份公告将搬迁的事知照给相关单位和市民朋友，公告时间为 2025 年 8 月 11 日

请你阅读下面这篇事项类公告范文，根据以上提供的信息，用同样的结构和要素写作一篇公告

O 市教育局关于××窗口搬迁的公告

各相关单位，广大市民朋友：

为进一步优化政务环境，提升政务服务水平，我局××窗口将搬迁至市文体中心。现将有关事项公告如下。

一、搬迁时间：××月××日(星期×)—××日(星期×)搬迁，新址将于××月××日(星期×)上午××:××起对外运行。

二、新址地点：O 市××区××路××号 O 市文体中心五楼。

三、服务时间：工作日上午××:××—××:××，下午××:××—××:××。

四、咨询电话：0123-456789。

O 市教育局

××××年××月××日

 文心一言

K 市交通运输局关于海事窗口搬迁的公告

各相关单位，广大市民朋友：

为进一步优化政务服务环境，提高海事窗口的服务效率，K 市交通运输局的海事窗口(原地方

海事局政务分中心窗口)将进行搬迁。现将有关事项公告如下：

一、**搬迁时间**：2025 年 8 月 14 日(星期四)至 15 日(星期五)进行搬迁，新址将于 8 月 18 日(星期一)上午 9 点起正式对外运行。

二、**新址地点**：K 市 H 区 H 路 101 号 K 市政务服务中心三楼交通运输窗口。

三、**服务时间**：搬迁后，新址的服务时间为工作日的上午 9 点至 12 点，下午 1 点至 5 点。

四、**咨询电话**：××××-×××××。

请广大市民朋友和各相关单位注意搬迁时间，并在办理相关海事业务时前往新址。搬迁期间，我们将尽最大努力确保业务的正常进行，给大家带来的不便敬请谅解。

K 市交通运输局

2025 年 8 月 11 日

7.5　AI 写作通知

扫码看视频

通知的内容可长可短，只要将事项交代清楚即可，与事项相关的资料一般作为附件一并发布，相关案例如下。

 提问

请帮我按照以下格式和信息写一则通知。

标题为"F 省人民政府办公厅关于印发《F 省 2025 年数据和政务服务管理工作要点》的通知"。

主送机关为各市州、县市区人民政府，省政府各厅委、各直属机构。

通知的主要内容为将《F 省 2025 年数据和政务服务管理工作要点》印发给主送机关，希望认真贯彻落实。

附件为 F 省 2025 年数据和政务服务管理工作要点。

发文机关为 F 省人民政府办公厅。

通知时间为 2025 年 8 月 16 日。

 文心一言

F 省人民政府办公厅关于印发《F 省 2025 年数据和政务服务管理工作要点》的通知

各市州、县市区人民政府，省政府各厅委、各直属机构：

现将《F 省 2025 年数据和政务服务管理工作要点》印发给你们，请认真贯彻落实。

本通知旨在明确 F 省在 2025 年数据和政务服务管理工作的主要任务和目标，各相关单位应高度重视，结合实际，细化工作措施，确保各项任务落到实处。

附件：F 省 2025 年数据和政务服务管理工作要点

F 省人民政府办公厅

2025 年 8 月 16 日

7.6　AI 写作函

扫码看视频

在使用 AI 写作邀请函时，撰写者可以先向 AI 提供邀请函的基础知识，让它试着生成一篇范文。如果生成的范文合乎要求，再将邀请函的主题和落款等信息提供给 AI，以便其进行进一步的写作。下面介绍具体的操作方法。

步骤 01 在文心一言的输入框中输入指令，按 Enter 键发送，让 AI 根据邀请函的基础知识写作一篇范文，相关指令和回复内容如下。

 提问

请根据下面提供的邀请函的基础知识生成一篇范文，要求：内容完整，不包含多余内容。

邀请函一般由标题、称谓、正文和落款这四部分构成。其中，标题一般以"邀请函"结尾，并直接点明活动的主题或性质；称谓则需要明确地写出受邀者的姓名或单位名称。

正文通常由开头、主体和结尾这三方面的内容组成，在开头部分要简短介绍活动背景、目的和意义，表达对受邀者的尊重和邀请的诚意；在主体部分需要详细介绍活动的时间、地点、主题、日程安排、活动内容等，以及需要受邀者注意的事项；而结尾部分要再次表达邀请的诚意，并附上联系方式以便受邀者咨询或回复。

邀请函的落款需要注明邀请方的名称、联系方式和日期。如果是公司或组织发出的邀请函，还需要加盖公章以示正式。

 文心一言

【邀请函范文】

科技创新论坛邀请函

尊敬的张三先生/女士：

您好！在这春意盎然、万物复苏的美好时节，我们怀着无比诚挚的心情，特此邀请您参加由××科技发展有限公司主办的"2026 年度科技创新论坛"。本次论坛旨在汇聚行业精英，共同探讨科技前沿趋势，分享创新实践经验，促进科技与产业的深度融合，为推动社会进步贡献智慧与力量。我们深信，您的参与将为论坛增添无限光彩，共同开启科技创新的新篇章。

活动详情如下：

时间：2026 年 5 月 18 日，上午 9:00 至下午 5:00

地点：××国际会议中心(地址：××市××区××路××号)

日程安排：

09:00—09:30 开幕式及领导致辞

09:30—12:00 主题演讲：行业领袖分享科技创新成果

12:00—13:30 自助午餐及交流时间

13:30—15:00 圆桌对话：科技创新面临的挑战与机遇

15：00—16：30 分会场讨论：多领域科技创新实践

16：30—17：00 闭幕式及总结发言

活动内容： 论坛期间，将有权威专家、学者及企业领袖就人工智能、大数据、云计算、区块链等前沿科技领域进行深度剖析与交流，同时设置互动环节，鼓励参会者积极提问与分享见解。

注意事项： 请携带个人名片以便交流，着正装出席。如有特殊饮食需求，请于 5 月 10 日前告知我们。

我们衷心期待您的莅临，相信您的智慧与经验将为此次论坛注入新的活力。如有任何疑问或需进一步信息，请随时通过以下方式联系我们：

电话：+86-××××-×××××××

邮箱：×××××××.com

再次感谢您对本次论坛的关注与支持，期待在"2026 年度科技创新论坛"上与您相见，共襄盛举！

××科技发展有限公司

地址：××市××区××路××号

电话：+86-××××-×××××××

邮箱：×××××××.com

日期：2026 年 4 月 25 日

（注：本邀请函加盖××科技发展有限公司公章）

以上即为一份完整的邀请函范文，希望能满足您的需求。

步骤 02 在同一个对话窗口中继续输入指令，按 Enter 键发送，让 AI 根据提供的信息进行写作，相关指令和回复内容如下。

 提问

请结合邀请函的基础知识和范文，根据下面提供的信息，写一封邀请函，要求：要素齐全，格式准确，情感真挚，适当完善相关内容，公司地址、联系电话和电子邮件暂时用××代替。

C 公司与 Q 公司是合作伙伴的关系，为了进一步加深了解、拓展合作领域，C 公司打算邀请 Q 公司的领导和相关专业人士来公司进行实地考察，时间定在 2025 年 5 月 16 日 10 点到 18 点，行程包括参观 C 公司生产车间、研发中心和办公区域（10 点至 12 点），用餐和午休（12 点到 14 点），合作议题座谈会（14 点至 16 点），观看产品演示和介绍相关成功案例（16 点到 18 点），邀请函的写作时间为 2025 年 4 月 27 日。

文心一言

实地考察与交流邀请函

尊敬的 Q 公司领导及各位专业人士：

您好！

自我们 C 公司与 Q 公司建立合作伙伴关系以来，双方在多个领域取得了显著的合作成果，共同见证了彼此的成长与发展。为了进一步加深双方的了解，探索更广阔的合作空间，我们特此诚挚地邀请您及贵公司的领导和相关专业人士，于 2025 年 5 月 16 日莅临我司进行实地考察与交流。

在当前快速变化的市场环境中，持续的创新与合作是企业保持竞争力的关键。我们希望通过此次实地考察，不仅能让您深入了解 C 公司的生产流程、研发实力及企业文化，还能就未来的合作方向、项目对接等议题进行深入探讨，共同规划双方合作的新蓝图。

活动详情：

时间：2025 年 5 月 16 日(星期五)，上午 10:00 至下午 18:00

地点：C 公司(详细地址：××)

行程安排：

10:00—12:00：参观 C 公司生产车间、研发中心及办公区域，近距离感受我们的生产环境与技术实力。

12:00—14:00：用餐及午休，期间我们将为您准备精美的午餐，并安排舒适的休息环境。

14:00—16:00：合作议题座谈会，双方就现有合作成果进行总结，并就未来合作方向、潜在项目等进行深入交流与探讨。

16:00—18:00：观看 C 公司最新产品演示，并介绍相关成功案例，分享市场经验，共同探索合作新机遇。

注意事项：

请于 2025 年 5 月 10 日前通过电子邮件(××@example.com)或电话(××-××××-××××)确认您的出席意向及随行人员名单。

为确保活动顺利进行，请携带个人名片以便现场交流。

如有特殊饮食需求或其他注意事项，请提前告知我们，我们将尽力满足您的需求。

我们深知，每一次的交流与合作都是双方共同成长的宝贵机会。因此，我们衷心期待您的光临，相信通过此次实地考察与交流，能够进一步加深我们之间的友谊，拓宽合作领域，共创辉煌未来。

如有任何疑问或需要进一步的信息，请随时与我们联系。我们期待着与您相聚在 C 公司，共谋发展大计！

此致

敬礼!

邀请方：C 公司

联系方式：

电话：××-××××-××××

邮箱：××@example.com

地址：××

日期：2025 年 4 月 27 日

【注】：请根据实际情况填写具体的公司地址、联系电话和电子邮件地址。

7.7　AI 写作通报

扫码看视频

在使用 AI 写作通报时，撰写者必须把通报的对象和事项完整地提供给 AI，这样 AI 才能生成合乎要求的通报，相关案例如下。

 提问

请帮我按照以下格式和信息写一则通报，要求：不要标注格式的名字，将注意事项用阿拉伯数字分点列出。

标题为"关于 2026 年度 1 月份巡河工作完成情况的通报"

主送机关为各工作片区、各行政村(社)

通报的内容：根据县治水办通报反馈，2026 年 1 月份，木槿街道的许村未及时完成第二轮巡河工作，刘村未及时完成第三、四轮巡河工作，对这些村予以通报，希望各村河长认真对待和完成巡河工作

注意事项：每月巡河任务的第一轮为 1 日至 7 日，第二轮为 8 日至 14 日，第三轮为 15 日至 21 日，第四轮为 22 日至 28 日；各片区要严格落实河长巡查制度，做好自查，认真分析巡河工作中存在的问题，督促各村河长履职尽责。

发文机关为 V 县人民政府木槿街道办事处

通报时间为 2026 年 2 月 4 日

 文心一言

关于 2026 年度 1 月份巡河工作完成情况的通报

各工作片区、各行政村(社):

根据县治水办通报反馈，现就 2026 年 1 月份我街道巡河工作的完成情况通报如下:

在 2026 年 1 月份的巡河工作中，木槿街道的许村未及时完成第二轮巡河工作，刘村则未及时完成第三、四轮巡河工作。这种情况已经对街道的治水工作造成了不良影响，现对这两个村予以通报批评。

为确保今后巡河工作的顺利进行，特提出以下注意事项。

1. 每月巡河任务需按照以下时间节点完成：第一轮为 1 日至 7 日，第二轮为 8 日至 14 日，第三轮为 15 日至 21 日，第四轮为 22 日至 28 日。请各村河长严格遵守时间节点，确保按时完成巡河任务。

2. 各片区要严格落实河长巡查制度，定期对各自区域内的河流进行巡查，发现问题及时上报并处理。同时，各片区要做好自查工作，确保巡河工作无遗漏。

3. 各村河长要认真分析巡河工作中存在的问题，找出原因并采取措施加以解决。对于巡河工作中发现的难点和重点问题，要及时向片区报告，共同商讨解决方案。

4. 各片区要督促各村河长认真履职尽责，对于未能按时完成巡河任务或巡河工作不到位的村河长，要及时进行约谈或通报批评，确保巡河工作的质量和效果。

请各工作片区、各行政村(社)高度重视本次通报内容，认真履行巡河工作职责，共同推动我街道治水工作再上新台阶。

V 县人民政府木樨街道办事处

2026 年 2 月 4 日

7.8 AI 写作批复

扫码看视频

每一篇批复都有一篇对应的请示，因此撰写者在使用 AI 写作批复时，要先向 AI 提供请示的大概内容，再让 AI 根据请示和要求生成批复，相关案例如下。

 提问

××市环保局向××市人民政府提交了一份《关于"绿色生态城市建设项目"实施方案的请示》(文号为〔××××〕××号)，现在××市人民政府部门经过认真研究和讨论，决定同意《绿色生态城市建设项目实施方案》的总体思路、目标任务和具体措施，因此需要给××市环保局写一份批复，批复日期为 2025 年 7 月 6 日，要求：批复中需要提及让××市环保局进一步细化项目实施方案，并在项目实施完成后形成书面报告并上报××市人民政府。

文心一言

关于"绿色生态城市建设项目"实施方案的批复

××市环保局：

你局上报的《关于"绿色生态城市建设项目"实施方案的请示》(文号：〔××××〕××号)已收悉。经我市政府部门认真研究和讨论，现就有关问题批复如下：

一、我市政府部门原则上同意你局提交的《绿色生态城市建设项目实施方案》的总体思路、目标任务和具体措施。该方案符合我市的生态文明建设需求，对于推动城市可持续发展、提升居民生活质量具有重要意义。

二、为确保项目的顺利实施，请你局在现有方案的基础上，进一步细化项目实施方案。特别是在项目执行计划、资金分配、责任分工等方面，需要明确具体的工作内容、时间节点和责任人，确保各项任务能够有序、高效地完成。

三、你局在项目实施过程中，应严格遵守国家及我市相关法律法规，确保项目资金的安全、合规使用，并接受财政、审计等相关部门的监督和管理。同时，要加强与相关部门的沟通协作，形成工作合力，共同推动项目的顺利实施。

四、项目实施完成后，请你局及时总结项目经验，形成详细的书面报告，并上报我市政府部门。报告应全面反映项目实施过程中的成果、亮点、遇到的问题及解决措施，为我市今后的相关工作提供有益的参考。

特此批复。

××市人民政府

2025 年 7 月 6 日

7.9　AI 写作命令

扫码看视频

嘉奖令一般用于对个人或单位的某个事项、工作、成绩或影响进行表彰和鼓励，因此在使用 AI 写作时，撰写者要说明嘉奖的原因，以及希望嘉奖令起到的作用。下面介绍具体的操作方法。

步骤 01 在文心一言的输入框中输入指令，按 Enter 键发送，让文心一言了解嘉奖令的相关知识，并生成一个写作模板，相关指令和回复内容如下。

 提问

请根据下面提供的范文，总结嘉奖令的格式和要素，并生成一个写作模板。

嘉奖令

××市融媒体中心：

为表彰××××(事项)，特对你单位予以通令嘉奖。

××××年春节期间，为丰富人民群众的文化生活，市委、市政府决定以网络直播的形式举办一台春节晚会。市融媒体中心解放思想、创新形式、提前谋划，坚持"××××"的原则，围绕市委、市政府决策部署，提高了全市人民的参与性、知晓度，有力地宣传了市委、市政府的重大决策，鼓舞了全市人民干事创业的士气，为全市上下奋力实现"××××"的奋斗目标，为××××营造出了良好的舆论氛围。

希望××市融媒体中心再接再厉，继续发扬"××××"精神，为引导全市人民凝心聚力谋发展、鼓足干劲创一流提供强大的精神动力和良好的舆论氛围。

中共××市委宣传部

××××年××月××日

 文心一言

嘉奖令的格式与要素总结

格式：

1. 标题： 直接以"嘉奖令"为标题。

2. 主送单位： 明确被嘉奖的单位或个人名称。

3. 正文：

- 开头：简述嘉奖的原因或背景。

- 主体：详细阐述被嘉奖单位或个人在特定事项中的具体表现、贡献及成果。

- 结尾：对被嘉奖单位或个人提出希望或要求。

4. 发文机关： 明确嘉奖令的发布单位。

5. 日期： 嘉奖令的发布日期。

要素：

1. 事项： 具体表彰的事项或行为。

2. 表现： 被嘉奖单位或个人在事项中的具体表现，包括创新、贡献、成果等。

3. 意义： 被嘉奖行为对单位、组织或社会的影响和意义。

4. 希望或要求： 对被嘉奖单位或个人提出的未来期望或要求。

写作模板

嘉奖令

[主送单位名称]：

为表彰[具体表彰的事项或行为]，特对你单位(或个人)予以通令嘉奖。

[具体时间段或背景下]，[被嘉奖单位或个人]在[事项或项目]中，通过[具体行动或措施]，[取得的具体成果或贡献]。这一行为不仅体现了[被嘉奖单位或个人]的[精神或品质]，更为[单位、组织或社会]带来了[具体影响或意义]。

希望[被嘉奖单位或个人]能够[具体希望或要求]，继续[发挥的作用或贡献的领域]，为[单位、组织或社会]的[未来发展或目标]贡献更多力量。

[发文机关名称]

[发文日期]

步骤 02 在同一个对话窗口的输入框中继续输入指令，按 Enter 键发送，让文心一言根据提供的信息写作嘉奖令，相关指令和回复内容如下。

 提问

请你根据以下信息，套用模板写作一篇嘉奖令，要有标题，被表彰的个人为××中学的体育老师晓东，时间为 2027 年 5 月 25 日，不要出现重复的内容，不要写格式和要素的名称。

2027 年 5 月 19 日，晓东老师在路过××河时，听到了小孩子的呼救声，于是他奋不顾身地跳入河中，救起了三个溺水的儿童。在将他们护送到医院后，他悄悄地离开了

文心一言

嘉奖令

××中学体育老师晓东：

为表彰晓东老师在紧急时刻展现出的英勇无畏和无私奉献的精神，特向你颁发此嘉奖令。

在 2027 年 5 月 19 日，晓东老师在途经××河时，听闻了儿童的呼救声。面对突如其来的危险，你毫不犹豫地跳入河中，迅速救起了三名溺水的儿童。在确认孩子们安全后，你又将他们及时送往医院，并默默离开，未留下任何个人信息。你的行为充分体现了作为一名教育工作者的高度责任感和使命感，以及作为社会公民的担当和勇气。

你的英勇行为不仅拯救了三个孩子的生命，也为我们所有人树立了榜样。你的高尚品质和精神风貌值得我们每一个人学习和传承。

在此，我们向晓东老师表示崇高的敬意和衷心的感谢！希望你能够继续保持这种精神，为教育事业和社会进步做出更大的贡献。

中共××市教育局

2027 年 5 月 25 日

7.10　AI 写作决定

扫码看视频

在将决定知照给相关单位和个人时，撰写者需要将做出决定的原因、决定的具体内容和决定的生效时间交代清楚。使用 AI 写作决定的案例如下。

 提问

知照性决定是把做出的决策知照给相关单位和个人的决定种类。

1．标题：一般形式为"发文机关+事由+文种"，如果决定是由会议通过的，那么在标题下方居中位置必须用圆括号注明成文日期和会议名称。

2．主送机关：即需要知晓或执行的下级单位。

3．正文：由开头、主体和结尾三部分构成。

（1）开头：写明做出决定的缘由、目的和依据。

（2）主体：采用分条列项的方式说明决定的具体措施、步骤和详细要求。

（3）结尾：根据决定内容提出具体的希望与要求，以便人们贯彻执行或为实现将来的目标而努力。有附件的，要在结尾处予以说明。

4．落款：注明发文机关，并在其上加盖印章。当决定的标题下没有标注成文日期时，应在落款处标注。

请在了解知照性决定的格式和要点后，根据以下信息撰写一篇知照性决定，对象为公司全体员工，时间为 2026 年 7 月 16 日，不要写格式和要素的名称。

为了提升组织活力、激发员工潜能，同时也由于 A 同志已经到了退休年龄，经过 CC 公司第十三次管理会议讨论决定，A 同志不再担任副总经理这一职务，原销售总监 B 同志提升为公司副总经理，原华南区销售经理 C 提升为公司销售总监，决定即日起生效。

文心一言

关于公司高层人事调整的决定

全体员工：

鉴于公司当前发展的需要，为进一步提升组织活力、激发员工潜能，同时确保公司高层管理的稳定性和连续性，经过 CC 公司第十三次管理会议的深入讨论和审慎考虑，现就公司高层人事调整做如下决定：

一、A 同志自加入 CC 公司以来，一直兢兢业业、恪尽职守，在副总经理的岗位上为公司的发展做出了卓越贡献。然而，随着时光的流逝，A 同志已年满退休年龄，根据公司规定和个人意愿，A 同志将不再担任副总经理职务。我们衷心感谢 A 同志多年来的辛勤付出和无私奉献，并祝愿他退休后生活幸福美满。

二、为确保公司高层管理的稳定性和连续性，经过综合评估，公司决定任命原销售总监 B 同志为公司副总经理。B 同志具有丰富的市场经验和卓越的管理能力，曾在多个重要岗位上表现出色，为公司的发展做出了重要贡献。我们相信，B 同志能够带领公司迈向新的发展阶段，实现更高的业绩目标。

三、同时，为加强公司销售团队的建设，提高销售业绩，公司决定任命原华南区销售经理 C 同志为公司销售总监。C 同志在销售领域具有丰富的经验和广泛的客户基础，曾带领华南区销售团队取得了显著成绩。我们期待 C 同志在新的岗位上能够继续发挥优势，推动公司销售业务的快速发展。

本决定自即日起生效，请全体员工予以支持和配合。我们相信，在全体员工的共同努力下，CC 公司将迎来更加美好的未来。

特此决定。

CC 公司

2026 年 7 月 16 日

7.11　AI 写作纪要

扫码看视频

在日常的学习和工作中，会议纪要是撰写者经常接触并运用的公文文种之一。在使用 AI 写作会议纪要时，出于会议信息的保密需求，撰写者可以让 AI 生成一个模板，再手动填入具体的会议信息，相关案例如下。

 提问

L 公司于 2026 年 2 月 7 日召开了 2026 年公司战略规划与业务发展深度讨论会，时间为 9 点至 16 点，12 点至 13 点是午休时间，会议地点在公司大楼第 12 层的大型会议室，主持人是公司的总经理小于，参会人员有公司高层管理团队(副总经理、财务总监、市场总监等)、各部门经理(研发部、生产部、销售部、行政部等)、项目经理及关键岗位员工。

小芳作为行政部的秘书需要完成相应的会议纪要。出于信息保密的需求，请你根据会议纪要的格式和要素，帮她生成一份对应的模板。

文心一言

会议纪要

一、会议基本信息

会议主题： L 公司 2026 年公司战略规划与业务发展深度讨论会。

会议日期与时间： 2026 年 2 月 7 日，9:00 至 16:00(其中 12:00 至 13:00 为午休时间)。

会议地点： 公司 12 层大型会议室。

主持人： 小于(公司总经理)。

参会人员： 公司高层管理团队(副总经理、财务总监、市场总监等)、各部门经理(研发部、生产部、销售部、行政部等)、项目经理及关键岗位员工。

记录人： 小芳(行政部秘书)。

二、会议议程与讨论内容

(请在此处根据会议实际情况填写议程与讨论内容，例如：)

1. 开场致辞(9:00—9:10)

主持人小于对会议目的进行简要介绍。

2. ××××年度工作总结(9:10—10:30)

各部门经理分别汇报××××年度工作成果及遇到的问题。

3. ××××年度战略规划讨论(10:40—12:00)

市场部分析市场趋势。

各部门经理提出战略规划建议。

总经理小于主持讨论，确定核心目标和发展方向。

4. 午休时间(12:00—13:00)

自由交流与休息。

5. 业务发展具体措施探讨(13:00—15:00)

各部门经理提出具体的业务发展措施。

对措施进行逐项讨论与评估。

6. 分组讨论会(15:10—16:00)

分组讨论业务发展过程中可能遇到的问题及解决方案。

各组汇报讨论成果。

7. 总经理总结发言(16:00—16:10)

总经理小于对本次会议进行总结，并对未来工作提出期望。

三、会议决议

(请在此处根据会议讨论结果填写具体的会议决议，例如：)

1. 确定公司××××年度的核心发展目标为[具体目标]。

2. 各部门需根据战略规划制订详细的季度和月度实施计划。

3. 设立跨部门协作小组，负责协调解决业务发展过程中的跨部门问题。

四、会议后续工作

(请在此处根据会议安排填写后续工作事项，例如：)

1. 各部门经理需在会议结束后一周内提交详细的季度和月度实施计划。

2. 行政部负责将会议纪要整理成文档，并发送给所有参会人员。

3. 行政部将定期跟踪各部门的实施情况，并向总经理汇报。

五、附件

(如有需要，请在此处添加附件说明，例如：)

××××年度公司战略规划与业务发展讨论会 PPT(已发送至各部门经理邮箱)

记录人签名：小芳

日期：××××年××月××日

7.12　掌握写作技巧

扫码看视频

　　相比于其他类型的公文，法定类公文的要求比较严格，撰写者在写作的过程中更要多加注意。

1. 报告的写作技巧

报告是一种在不同机关都有着广泛应用的公文，撰写者应该明确区分报告和其他相似性文种的特点，并掌握写作技巧，才能写出一篇合乎规范、优秀的报告。

（1）不应夹带请示事项。

请示与报告一样，都属于上行文，因此，很多撰写者往往在报告中夹带一些表示请示的话语，如在结语部分写上"以上报告妥否，请指示"，这是完全没有意义和错误的。

因此，针对一些请示事项，撰写者可以单独用"请示"行文，而不是将其夹带在报告中。把请示事项夹带在报告中，不仅会导致报告撰写失误，还可能给上级机关带来不便，影响其工作。

（2）应注意主题的把握。

每一篇文章都有一个主题，报告也如此。关于报告的主题，应该注意以下两个方面的问题。

- 要注意发现新主题，即那些用来表现主题的材料和观点能够体现新颖性和价值性，而不是千篇一律地采用固定形式和老套的观点。
- 要注意主题的需要和观点要与材料保持一致。也就是说，文中所提及的材料不能胡乱拼凑，而是能充分地展现主题思想和观点，从而让文章的思路清晰可现。

（3）应注意陈述的真实。

报告的内容必须是真实的，特别是提供的材料和数据必须是有据可查的，不能胡乱编造。这是上级机关通过报告掌握各方面的动态和变化，从而准确地做出决策的重要依据。只有保证陈述的真实，才能有助于决策的科学性和正确性。

（4）应注意语言的简练。

报告的语言务必简洁明了，只要把主要的事项用总结性的话语准确地表达出来，就能突出重点，而不是一味地以空话、套话来敷衍。

2. 请示的写作技巧

在撰写请示的过程中，可在遵循写作原则的基础上掌握一定的技巧，以便顺利成文。撰写者需要遵循的写作原则如下。

（1）遵循三个"一"原则。

请示要求一件事情一个请示，不能用一篇公文同时请示多件事情，并且一篇公文只有一个主送机关，主送机关为直接隶属的上级单位。

（2）遵循两不"越"原则。

一是需逐级请示，不能越级请示；二是请示的内容不能"越权"决定，需在行事之前撰写请示，待领导答复之后再抄送给下级机关。

在遵循请示原则的基础上，撰写者在写作过程中还应该运用一定的写作技巧，具体内容如下。

(1) 把握范围，明确目的。请示的适用范围一般是下级单位无权决定、无力办理或是理解不清的事情，即需要请示上级机关批准或指示。明确请示的这些适用范围，能够帮助撰写者确定请示的目的，以便更好地发挥请示的作用。

(2) 情况属实，条理清晰。在陈述请示内容时，要求内容真实可靠，能够反映实际问题，且组织材料时，需条理清晰、层次分明，有逻辑性地说明当下存在的问题或不能决定的事项，以便领导做出正确的决策。

(3) 语言简洁，准确传达。撰写请示的语言要简洁明了，能够集中表达主题思想，做到将请示提交给上级单位后，上级领导能够明晰下级单位存在的困惑或需要得到哪些帮助。

3. 公告的写作技巧

在写作公告时，撰写者需要注意一些问题并掌握一些写作技巧，具体内容如下。

(1) 结构技巧和要求。

公告是写给人们看的，需要易读、易懂、易知，而想要达到这一要求，就应该注意在结构方面要层次分明、结构灵活。对一些简单的公告，只要简单陈述即可。然而对一些内容较复杂的公告，撰写者首先应该明白撰写的层次，把先写什么、后写什么的写作思路架构起来。

(2) 用语技巧和要求。

在用语方面，公告应该满足得体、准确的要求。

"得体"，就是要求用与公告风格相似的语言。由于公告是面向大众的，用较平实的语言更能体现其得体性，也更能让人们读懂。因此，在语言的得体性方面，公告应该采用浅显易懂、直截了当的用语。

"准确"，就是要求基于公告的政策性和规定性要求，无论是在文字的引用、遣词造句，还是句式上都要体现"准确"这一特征。它是公告语言的最基本要求。从"准确"的角度来看，公告的语言应该注意以下方面。

- 符合社会的客观实际情况。
- 符合规范的语法层次和逻辑。
- 符合内容表达的恰当性要求。

(3) 内容篇幅要求。

总体来说，公告是一种短篇公文。这有利于人们把握、理解和遵行公告的内容。而想要实现公告篇幅的简短，最重要的就是在文字上做简要处理。具体说来，撰写者应该从以下几个方面加以注意。

- 开头开门见山，结尾迅速结束。
- 正文陈述时要直陈其事，直截了当。
- 观点要鲜明，文字要简练。

4. 通知的写作技巧

作为一种运用得比较广泛的公文，通知在写作的过程中逐渐形成了一定的写作技巧和要求，具体来说表现在以下方面。

(1) 语言要庄重、平实。

通知在语言表达上要求庄重、平实。要想提高通知写作的语言运用水平，必须符合以下四个标准。

- 用语要符合客观实际。
- 语言要符合明确、精练的运用标准。
- 语言要在具体语境中进行选择。
- 多用书面语，少用描绘性语言和口语。

(2) 讲求时效与实效。

为了不耽误工作和避免损失，通知通常要求注意其时效性，快速行文，从而有利于更好地安排工作。从实效性方面来说，通知的目的在于指导和推动工作开展，因而要注意在发布通知时，做到数量适中，不滥发。

(3) 具体事项要合理、完整。

当通知的主体部分事项较多时，应对其进行细致的陈述，确保事项交代完整，从而更好地指导下级机关和个人。

5. 函的写作技巧

在撰写函时，要注意语言简洁明确，把握分寸。虽然函属于平行文，但不管是在平行机关之间还是上下级机关之间，都要注意用语的平和有礼。此外，如果撰写的是复函，则要着重注意针对性和明确性，迅速、及时地回复来函。

在撰写函的时候，还需要掌握以下技巧。

(1) 函的内容集中，一个函件讲清一件事情或问题。

(2) 保证真实、有针对性，并且要保证函的时效性。

(3) 以陈述为主，把相关工作讲述清楚。

(4) 语言朴素，态度谦虚。

6. 通报的写作技巧

在撰写通报时，撰写者应掌握一定的写作技巧，以快速完成一篇完整的通报。有关通报的写作技巧，具体如下。

（1）内容方面。

在撰写通报的内容时，可以从适用范围的明确、内容的选取以及观点的陈述三个方面进行考虑。

- 通报的适用范围通常包括表彰事迹、批评错误和告知事项三个方面。
- 在确定适用范围之后，对于选择的材料进行取舍，选择一些具有代表性的内容。如表彰性通报，即选择值得人学习、较为突出的人或事迹进行表彰通报。
- 在撰写通报时，撰写者也会表达一些自己的观点或情感，此时需要考虑其是否中肯，做到不夸大、不歪曲事实。

（2）叙述方面。

在撰写通报时，应遵循一定的结构，以便使陈述内容条理清晰、层次分明。一篇优秀的通报在结构的把握上是恰如其分的，且在语言的运用上是准确规范的。

7．批复的写作技巧

在撰写批复时，撰写者需要注意以下几个方面。

（1）内容要有针对性。一文一批复，要针对请示提出的问题进行答复。

（2）答复要及时。要就请示事项及时给予答复，不能延误。

（3）态度要明确。不管同意与否，批复的意见必须明朗，不能含糊。

（4）表达要清楚、准确。有关批复的事项务必用准确的语言阐释清楚。

8．命令的写作技巧

撰写命令时，撰写者可以从文体特征、内容结构及语言运用等方面掌握一些技巧，以便更顺畅地行文。下面就命令的写作技巧进行详细介绍。

（1）把握命令的文体特征。

使用命令这一文种写作时，需要明晰命令的适用范围。一般来说，除法律规定的有权发布命令的机关或领导外，其他机关无权发布命令。而且，命令一经发布，需严格执行，因而其内容必须凸显出强制性和权威性。

（2）厘清命令的内容结构。

命令颁布后，要求相关机关严格执行，因此在内容上需重点突出应该做什么、不应该做什么，以便命令有效地传达并得以执行。

在撰写具体的命令时，可以按开头、过渡、转折和收尾的文章写作顺序进行，也可按照是什么、为什么、怎么做的逻辑顺序进行，内容须层层递进、环环相扣。

（3）使用精确且规范的语言。

命令的严肃性要求语言的使用必须用词准确、言简意赅，这样才更具说服力与权威性。但在叙述时，可采用排比、对仗等具有生动性的语言，如"愤慨之余，殊深轸念""抗战有功，驰名中外"等，这样既使命令短小精悍，又显示出文风与气势。

9. 决定的写作技巧

在撰写决定时，应该注意以下技巧的运用。

（1）选取合适的结构。

决定的内容具有多样性特征，因此其结构也应根据各自的特点选择合适的表达方式。下面以部署指挥性决定为例，进行具体介绍。

部署指挥性决定应该包括以下两个方面的内容。

● 简述做出决定的背景和依据。

● 具体介绍该决定的内容和要求。

因此，在撰写部署指挥性决定时，应该在开头详细描述决定要点，然后把各个要点分条表达，也就是说对这类决定应该采取"要点分条式"。

（2）语言和内容规范。

在内容和语言方面，决定的撰写有着总体要求，即内容的严肃性、事实的确切性和行文的周密性。在具体写作时，决定的内容必须满足以下三个条件。

● 给做出的决定提供一个法律法规、大政方针方面的依据。

● 决定的内容须与上级和同级机关的相关规定保持一致。

● 须有严密的逻辑性，且与其他各项规定能很好地衔接。

（3）文字详略得当。

在文字的详略方面，应该根据决定的正文各部分的主次性来安排。就决定的具体事项来说，在法规政策性决定和部署指挥性决定中，应该重点、详细地介绍；而在知照性决定中，应该简单、粗略地介绍。至于决定的缘由和依据，则与之相反。

可见，在文字详略方面，决定应该根据各种类型精准把握和搭配得当，这样才能写出符合要求的优秀决定文稿。

10. 纪要的写作技巧

在撰写纪要时，撰写者需要掌握一定的写作技巧，以达到行文流畅。

（1）写前准备充足。

纪要是以会议记录为基础的写作，因此在撰写前需做好会议准备，包括明确会议的目的、主旨、主要任务和具体的形式等，以确保撰写有据可依。

专家提醒

　　需要注意的是，会议记录与纪要是有区别的，它们具有不同的功用：会议记录只是客观地记录会议中每个人的发言，属服务范畴；而纪要则在集中反映会议议定事项的过程中兼具指导和规范作用。

（2）主旨突出，布局得体。

纪要是用来反映会议情况、指导工作的，因此需要详细陈述会议的目标、会议的建议、形成的指导性意见等。在内容布局上，可按照"引言、正文、结尾"的结构来撰写，从而使全文逻辑清晰。

（3）规范用语，文字简明。

纪要称谓的特殊性要求在撰写纪要时采用第三人称"会议"，以示强调。在具体撰写时，应规范这类用语，多使用"会议强调""会议传达"等文字。

第 8 章

AI 写作事务类公文

学前提示

事务类公文是组织内部为处理日常事务而撰写的正式文件，包括工作计划、汇报、工作总结和述职报告等。本章主要介绍四种事务类公文的基础知识、AI 写作的方法及相关的写作技巧，旨在帮助撰写者掌握事务类公文的写作方法。

要点提示

▶ 了解事务类公文。

▶ AI 写作工作计划。

▶ AI 写作汇报。

▶ AI 写作工作总结。

▶ AI 写作述职报告。

▶ 掌握写作技巧。

8.1 了解事务类公文

扫码看视频

事务类公文服务于纷繁复杂的工作事项或工作任务，一般包含工作前的计划拟定、工作中的情况反馈，以及工作后的总结等三个方面的内容。常见的事务类公文有工作计划、汇报、工作总结和述职报告等，下面介绍这四种公文的基础知识。

1. 工作计划

工作计划是在工作开展之前拟定的关于具体内容和设计安排的公文文种，在实际工作和生活中有着广泛的应用。工作计划可以按不同的标准进行分类，例如按内容不同，工作计划可以分为综合性计划和单项计划；按任务类型不同，可以分为日常工作计划和临时工作计划等。

作为一种预先拟定事务的文种，工作计划具有四个特点，即预见性、针对性、可行性和约束性。工作计划由标题、正文和落款三部分构成，下面分别进行介绍。

(1) 标题。

工作计划的标题从其组成要素来看，主要包括发文单位、时限、事由和文种。

(2) 正文。

工作计划的正文一般包括开头和主体两部分，其中开头部分是对工作计划指导思想的陈述，是工作计划的思想基础和依据；而主体部分，一般从工作目标、措施和办法以及步骤安排三个方面进行介绍。

(3) 落款

工作计划的落款处应注明单位名称和时间。当工作计划需要上报和下达时，应加盖公章。

2. 汇报

汇报属于报告类文体，是下级工作人员将工作情况、品德素养等汇总后向上级领导陈述的一种事务类公文，具有回顾性、选择性和自述性三个特点。

汇报一般由标题、称谓、正文和落款四部分组成，具体内容如下。

(1) 标题。

汇报的标题一般由时间、汇报者(制发单位)、事由和文种四部分构成，如《××体育局上半年体育工作汇报》。

(2) 称谓。

称谓是对听取汇报的人的称呼，可视汇报场合和听众对象而定。称谓位于标题之下，顶格书写，一般口头汇报中需要，书面汇报中可省略。

(3) 正文。

汇报的正文包括前言、主体和结尾三部分，具体内容如图 8-1 所示。

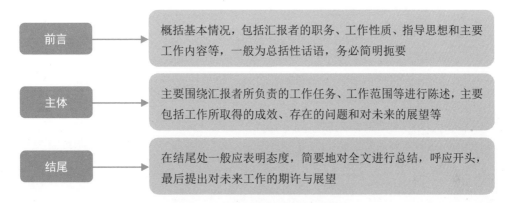

图 8-1　汇报正文内容的三个部分

(4) 落款。

汇报的落款应注明汇报者的姓名、单位名称或部门名称及汇报时间。

3. 工作总结

工作总结是对过去已完成的某一阶段的工作进行回顾总述与分析的事务类公文，具有回顾性、业务性和指导性三个特点。工作总结主要是通过总结与分析来提高撰写者对工作的认识，并指导之后的工作。

从内容上看，工作总结可分为综合总结和专题总结两类；从范围上看，工作总结可分为全国性总结、地区性总结、部门性总结、本单位总结和班组总结等；从时间上看，工作总结可分为年度总结、月总结、季度总结、周总结和阶段性总结等。

工作总结一般包括标题、正文和落款三部分，下面分别进行介绍。

(1) 标题。

工作总结的标题形式不定，能够表达完整的意思即可。一般来说，一个完整的工作总结的标题包括单位名称、时间、事由和文种四部分，但有些部分也可以省略，或用副标题的形式补充。

(2) 正文。

工作总结的正文一般包括前言和主体两部分，具体内容如下。

- 前言：前言即前情提要，交代总结的基本信息和基本情况，如工作性质、时代背景、总结的目的等，简明扼要地导向主体内容。
- 主体：主体部分主要包括所做的工作、取得的成绩、经验教训和对今后工作的展望等，有纵向式、横向式和综合式三种结构。

(3) 落款。

总结的落款包括署名和日期。若是单位总结，则单位名称一般在标题中或标题之下；若是个人总结，则署名与日期均位于正文的右下方。有些总结随文发送，可以不标注落款。

4. 述职报告

述职报告是党政机关领导干部对自己一定时期内履行职责情况的自我评述。它类似于"自我举荐信"，是干部管理与考核的重要依据，具有主体自述性、内容限定性、以职责为中心和与考核相联系四个特点。

述职报告一般由标题、称谓、正文和落款四部分组成，下面分别进行介绍。

(1) 标题。

述职报告的标题有三种写作形式，具体如下。

● 由"任职起止时间+所任职务+文种"构成，如《××年至××年任××职务的述职报告》。

● 由"我的+文种"构成，如《我的述职报告》。

● 直接以文种为题，如《述职报告》。

(2) 称谓。

述职报告的称谓即对听述职的人的称呼，如"组织部""人事处""党委"等，顶格书写在标题下空一行位置。

(3) 正文。

述职报告的正文是述职的主要内容，一般包括引言、主体和结尾三部分，各部分的具体要求如下。

● 引言：概述任职的基本情况，例如何时开始任职、所任何职、期间是否换过职务、做出的成效和分管的工作等。引言部分概述完后，用"现在我就履职情况的具体内容报告如下"等类似的过渡语引出主体内容。

● 主体：对引言概述的内容进行说明，具体包括如图 8-2 所示的几个方面。

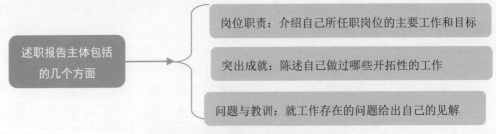

图 8-2 述职报告主体包括的几个方面

● 结尾：述职者表明自己的愿望和态度，如对这份工作的今后设想、是否愿意继续任职等。

(4) 落款。

述职报告的落款包括述职者的单位、姓名和时间，位于正文之后的右下方。

8.2　AI 写作工作计划

扫码看视频

　　制订一个严谨、合理的工作计划，可以帮助撰写者有条不紊、按部就班地开展和完成工作。在使用 AI 写作工作计划时，撰写者需要向 AI 提供工作的目标、时限、已有的资源和安排，相关案例如下。

 提问

B 市的××协会准备举办一场服饰纹样复原与创新研讨会，旨在探讨传统服饰纹样的复原技术，以及如何在现代设计中进行创新应用，希望能吸引至少 300 名参与者。研讨会的日期定在 2026 年 5 月 20 日，目前还有两个月的准备时间，团队成员有 1 名项目经理、3 名内容策划与 4 名市场宣传人员，预算为 10 万元，准备在 B 市的会展中心举办，想邀请行业内的专家和学者参与。

需要完成的工作有：确定讲者名单和会议议程、场地和设备的预订、市场推广和宣传活动、注册和票务管理以及当天的活动安排和后勤支持。

请根据这些信息，制作一份工作计划，包括标题、正文和落款三部分，其中标题为"发文单位+时限+事由+文种"，落款为××协会，时间为 2026 年 3 月 18 日。

 文心一言

B 市××协会两月内服饰纹样复原与创新研讨会筹备计划

一、工作计划背景

本次服饰纹样复原与创新研讨会旨在深入研究和探讨传统服饰纹样的复原技术及其在现代服饰设计中的创新应用。为确保活动顺利进行并达到预期效果，特制订本工作计划。

二、工作目标

1. 吸引至少 300 名行业内专家和学者参与研讨会。

2. 完成讲者名单和会议议程的确定。

3. 完成场地和所需设备的预订与安排。

4. 有效开展市场推广和宣传活动。

5. 设立并管理注册和票务系统。

6. 精心组织当天的活动安排，并提供必要的后勤支持。

三、工作分解与时间表

1. 确定讲者名单和会议议程(完成时间：4 月 10 日)

- 内容策划团队负责与行业内专家和学者联系，确定讲者名单。

- 根据讲者的研究方向，制订详细的会议议程。

2. 场地和设备的预订(完成时间：4月1日)

- 市场宣传团队负责与 B 市会展中心联系，预订合适的场地。
- 确定所需设备清单，包括音响、投影仪等，并完成租赁或购买。

3. 市场推广和宣传活动(持续时间：3月20日至5月10日)

- 利用网络平台(官网、社交媒体等)进行在线宣传。
- 设计并印制研讨会海报和传单，进行线下分发。
- 联系行业媒体，邀请其进行报道。

4. 注册和票务管理(开启时间：4月1日，截止时间：5月15日)

- 在协会官网和合作平台上设立注册和票务系统。
- 实时监控报名情况，确保达到预期的参与者人数。

5. 活动安排和后勤支持(准备时间：5月1日至5月19日)

- 制订详细的活动流程表，包括接待、开幕式、讲座、茶歇、闭幕式等。
- 安排志愿者团队，进行活动现场的支持和引导。
- 确保现场安全，准备必要的医疗和安全设施。

四、预算分配

1. 场地租赁与设备费用：4万元。
2. 讲者酬劳与差旅费用：2万元。
3. 市场宣传费用(包括线上线下)：2.5万元。
4. 后勤支持与活动组织费用：1万元。
5. 其他未预见费用：0.5万元。

五、总结

通过本工作计划的详细安排，我们有信心成功举办这场服饰纹样复原与创新研讨会，为行业内的专家和学者提供一个交流与学习的平台，推动传统服饰纹样复原技术的发展与创新应用。

××协会

2026 年 3 月 18 日

8.3 AI 写作汇报

扫码看视频

在使用 AI 写作汇报时，撰写者可以按照汇报的格式，将每个部分的相应内容和信息提供给 AI，这样可以让 AI 更清晰、直观地了解要写作的内容，相关案例如下。

 提问

K 公司的 T 市分公司需要向总部汇报 2026 年第三季度的工作情况，请你根据下面提供的格式和信息写一篇汇报，不要将"前言""主体""结尾""落款"和"时间"写出来。

标题为"T 市分公司关于 2026 年第三季度工作情况的汇报"。

前言简单介绍一下 T 市分公司。

主体部分用阿拉伯数字分点陈述：2026 年第三季度，T 市分公司共完成 59 万元的业务总额，同比增长了 11%，增长的原因为处于产品的销售旺季、策划了新奇的营销活动以及线上线下渠道的打通；目前在工作中仍存在一些问题，如新人才招聘困难、客户关系管理有待加强等。结尾部分表达 T 市分公司对未来工作的展望。

落款为 T 市分公司，时间为 2026 年 9 月 28 日。

文心一言

T 市分公司关于 2026 年第三季度工作情况的汇报

T 市分公司自成立以来，一直秉持公司的发展战略，努力开拓市场，不断提升服务水平，为客户提供优质的产品与服务。在 2026 年第三季度，T 市分公司全体员工共同努力，取得了一系列显著的成绩。

一、业务完成情况

在 2026 年第三季度，T 市分公司共完成业务总额 59 万元，与去年同期相比增长了 11%。这一增长主要得益于以下几个方面：

1. 产品销售旺季： 第三季度是公司产品销售的旺季，我们紧紧抓住这一时机，加大了销售力度，积极开拓市场。

2. 新奇的营销活动： 在季度初，我们精心策划了一系列新奇的营销活动，通过线上线下的互动方式，有效吸引了消费者的注意力，提升了产品销量。

3. 线上线下渠道打通： 我们加强了线上线下渠道的整合，通过优化流程、提高效率，为客户提供了更加便捷的服务。

二、存在的问题

在取得成绩的同时，我们也清醒地认识到工作中存在的一些问题：

1. 新人才招聘困难： 随着公司业务的不断拓展，对于新人才的需求也日益增加。然而，目前市场上的人才竞争激烈，我们在招聘过程中遇到了一定的困难。

2. 客户关系管理有待加强： 在客户关系管理方面，我们还需要进一步加强与客户的沟通与联系，提高客户满意度和忠诚度。

三、未来展望

展望未来，T 市分公司将继续秉持公司的发展战略，以市场需求为导向，以客户满意为目标，不断提升自身的竞争力和服务水平。我们将继续加大人才引进和培养力度，优化团队结构，提高团队整体素质。同时，我们也将加强客户关系管理，提高客户满意度和忠诚度，为公司的发展奠定坚实的基础。

T 市分公司

2026 年 9 月 28 日

8.4　AI 写作工作总结

扫码看视频

想使用 AI 写作工作总结，撰写者就应当将已完成的工作提供给 AI，并明确工作总结的具体要求，相关案例如下。

提问

芊芊是旅游公司运营部的一名员工，主要负责公司抖音账号的运营，9 月份她运营的抖音账号发布了 20 篇中秋国庆双节游的旅行攻略，平均点赞数为 1.5 万，关注人数突破了 30 万，抖音店铺的成交量达到 7000 单。10 月份，芊芊准备推出秋季旅游景点推荐的系列笔记，希望可以继续提升账号的粉丝数和店铺的成交量。

请你根据以上信息帮芊芊写一篇工作总结，要有一个标题，日期为××××年 10 月 8 日，署名和日期都写在工作总结的最后。

文心一言

××××年 9 月份抖音账号运营工作总结

一、工作概述

在××××年 9 月份，我作为旅游公司运营部的一员，主要负责公司抖音账号的运营工作。本月，我针对中秋国庆双节旅游高峰，精心策划并发布了 20 篇旅行攻略，旨在为用户提供实用的旅游信息和建议。通过不懈努力，我们的抖音账号取得了显著的成果。

二、成果展示

1. 内容发布：成功发布 20 篇中秋国庆双节游旅行攻略，内容涵盖目的地介绍、行程规划、美食推荐等多个方面，满足了用户多样化的需求。

2. 用户互动：发布的视频平均点赞数达到 1.5 万，体现了用户对内容的高度认可和喜爱。同时，评论区互动活跃，用户积极分享自己的旅游经验和感受。

3. 粉丝增长：通过优质内容的持续输出，抖音账号的关注人数突破 30 万大关，为后续的运营工作奠定了坚实的基础。

4. 店铺销售：抖音店铺的成交量达到 7000 单，实现了销售目标的显著提升，为公司带来了可观的收益。

三、经验总结

1. 内容策划：针对节假日旅游高峰，提前策划并发布相关旅行攻略，能够吸引大量潜在用户的关注。同时，注重内容的实用性和趣味性，提高用户互动率。

2. 团队协作：与文案、设计、剪辑等团队成员紧密合作，确保内容的高质量产出。同时，及时反馈用户需求和意见，不断优化内容质量和形式。

3. 数据分析：通过抖音平台提供的数据分析工具，对账号的运营情况进行实时监控和分析。根据数据反馈调整内容策略和推广方式，提高运营效率。

四、未来计划

1. 内容创新：在 10 月份，计划推出秋季旅游景点推荐的系列笔记，为用户提供更多具有时效性和实用性的旅游信息。同时，尝试引入新的内容形式，如短视频、直播等，丰富用户体验。

2. 粉丝互动：加强与粉丝的互动和交流，定期举办互动活动，提高用户黏性和忠诚度。同时，积极回应用户反馈和建议，不断优化服务质量。

3. 销售目标：在继续提升抖音账号粉丝数的同时，努力提高店铺的成交量。通过优化商品推荐、提高服务质量等方式，提升用户购买意愿和满意度。

总结来说，9 月份抖音账号的运营工作取得了显著成果，但也存在一些不足之处。在未来的工作中，我将继续努力创新、优化服务、提高运营效率，为公司的发展贡献自己的力量。

署名：芊芊

日期：××××年 10 月 8 日

8.5　AI 写作述职报告

扫码看视频

在职场中，撰写者有时会需要撰写一份转正述职报告，介绍自己在试用期的工作内容和成就，以获得转正批准，此时就可以让 AI 来帮忙写作，相关案例如下。

 提问

请根据以下内容和格式为小橙写一份述职报告。

1. 标题为"个人转正述职报告"。

2. 称谓为"尊敬的领导"。

3. 正文包括引言、主体和结尾三部分，各部分的具体要求如下。

(1) 引言：2026 年 9 月 11 日入职，担任产品设计助理一职，主要负责协助产品设计师和其他团队成员完成产品设计任务，用"现在我就履职情况的具体内容报告如下"引出主体内容。

(2) 主体：在工作的两个月中，我完成了两个项目的信息收集和市场研究工作，参与了五款公司新品的设计和开发，独立撰写了三份产品设计与说明文档。

(3) 结尾：在这份工作中得到了很多锻炼，以后会继续努力，希望可以转正。

4. 落款：产品设计部，小橙，2026 年 11 月 12 日，位于正文之后。

文心一言

个人转正述职报告

尊敬的领导：

您好！

我于 2026 年 9 月 11 日正式加入公司，担任产品设计助理一职。在过去两个月的工作中，我主要负责协助产品设计师和其他团队成员完成产品设计任务。现在我就履职情况的具体内容报告如下。

一、引言

自入职以来，我始终秉承公司"创新、协作、卓越"的价值观，努力适应新环境，熟悉工作内容，力求在产品设计领域有所作为。在此期间，我得到了领导和同事们的悉心指导和帮助，使我在专业技能和团队协作方面都有了显著的提升。

二、主体

1. 信息收集与市场研究

在过去的两个月里，我积极参与了两个项目的信息收集和市场研究工作。通过深入的市场调研，我成功收集了大量关于目标客户、竞争对手和行业趋势的数据，为产品的设计和开发提供了有力的支持。同时，我还根据市场反馈及时调整研究方向，确保研究结果的准确性和实用性。

2. 产品设计与开发

在领导的指导下，我参与了五款公司新品的设计和开发工作。在设计过程中，我充分发挥了自己的创意和想象力，与团队成员紧密合作，共同完成了从概念设计到产品原型制作的整个过程。通过不断的迭代和优化，我们成功打造出了具有市场竞争力的产品。

3. 文档撰写与整理

为了规范产品设计流程，我独立撰写了三份产品设计与说明文档。这些文档详细介绍了产品的设计理念、功能特点、使用方法以及市场定位等内容，为产品的推广和销售提供了有力的支持。同时，我还负责整理和归档了设计过程中产生的各种文件和资料，确保团队工作的有序进行。

三、结尾

在这份工作中，我得到了很多锻炼和成长的机会。我深知自己还有很多需要改进和提高的地方，但我相信只要不断努力和进步，就一定能够胜任这份工作。

在未来的工作中，我将继续保持谦虚谨慎的态度，不断学习和进步，为公司的发展贡献自己的力量。同时，我也希望能够得到公司的认可和支持，顺利转正为公司正式员工。

产品设计部

小橙

2026 年 11 月 12 日

8.6　掌握写作技巧

扫码看视频

由于事务类公文的内容会涉及组织内部的工作内容，因此在使用 AI 写作事务类公文时，撰写者务必要保护信息安全，避免泄露敏感信息。另外，在实际写作时，撰写者需要掌握以下写作技巧，以提升写作效率和公文质量。

1. 工作计划的写作技巧

在写作工作计划时，撰写者应该从三个方面加以注意，具体内容如下。

（1）实现上情与下情的紧密结合。

这是从工作计划的内容来说的，一方面，对上级的政策、规定、要求了解清楚；另一方面，全面了解本单位、本部门的实际情况，然后找准上级要求与部门实际情况的切合点进行工作计划的安排和撰写。

（2）工作计划要切实可行。

这是工作计划制订的标准。只有能够具体实施的计划才能称为"工作计划"，否则就是空想。因此，要保证工作计划的切实可行，就需要在内容上确定目标，并针对目标制定具体可行的措施。

（3）语言要简明扼要。

工作计划在语言表达上应简练、具体且明确。工作计划是给未来的工作提供具体的指导和方向的公文，它一方面要求读者能够看懂，了解工作安排；另一方面，要求用最精练的语言准确表达计划内容。

2. 汇报的写作技巧

在撰写汇报时，需要掌握一定的写作技巧，以便顺畅地行文，具体内容如下。

(1) 明确目的。

在撰写汇报之前，应事先想好这次汇报需达到一个什么样的目的，并以此为主题思想组织材料，贯穿汇报全文。

(2) 抓住重点。

主次分明，重点突出，是一篇优秀汇报的范式。在撰写过程中，以汇报的目的、领导的要求为指引，找出自己认为重要的工作内容进行详细的介绍，对次要的工作内容简略说明，这样可令人一目了然。

(3) 实事求是。

实事求是是汇报工作的基本原则，也是个人职业素养、职业道德的体现。这就要求所汇报的内容必须真实有效，不得随意捏造。

3. 工作总结的写作技巧

为了更快地拟好一篇工作总结，撰写者应掌握一些写作技巧，具体内容如下。

(1) 提炼材料。

当一定阶段内完成的工作相对复杂或烦琐时，全部写入总结会导致冗杂，因此在动笔之前需要对工作内容进行筛选，将工作任务、工作要点概括性地提炼出来，保留具有彰显性的内容，修剪"末端枝叶"。

(2) 突出重点。

完成的工作必然有轻重之分，将提炼出的材料按照主要方面与次要方面的工作进行归纳与总结，抓住重点，详略得当。而且，条理清晰地说明不仅给人一目了然之感，还对后续工作提供很好的参考。

(3) 体现特色。

特色，即是区别不同事物的特征，总结的撰写需要体现出特色。不同的单位或个人具有不同的行事方式，因此其获得的经验与感悟也会有所不同。撰写总结时，可在整合材料的基础上，认真比对与分析，找出特别之处，即特色所在。

(4) 实事求是。

实事求是指工作总结既要对所取得的工作成绩如实说明，又要对工作中出现的问题、存在的不足等进行客观评价，一切要从实际出发，以达到正确的认识，从而对后续工作的推进有更好的指引作用。

(5) 语言风格。

撰写总结时，可按照个人的语言风格，或优美，或严肃，但必须以语言流畅为前提。在内容的衔接、材料的组织、观点的呈现等方面，尽量做到独具一格，令人耳目一新。

4. 述职报告的写作技巧

撰写述职报告也有一定的写作技巧，具体内容如下。

(1) 态度真诚。

述职报告是对自己工作情况的陈述，保持真诚的态度有利于提高报告的可信度，增强领导对其工作的认可。

(2) 内容真实。

述职的内容是陈述自己做了什么事、做成了什么样、还需要做什么等，如实陈述即可，不能矫揉造作、随意杜撰。实事求是更有助于考核的公正性与客观性。

(3) 语言简洁

述职报告要求态度真诚、内容真实，因此写作时不必使用华丽的辞藻，只要所陈述的内容层次清晰、条理清楚即可，详略得当、简明扼要更能达到述职的目的。

第 9 章

AI 写作规约类公文

学前提示

规约类公文是对工作、活动和行为进行规范的公文，适用于党政机关、社会团体和企事业单位，这一类公文有很多可供选择和运用的文种。本章主要介绍四种规约类公文的基础知识、AI 写作的方法及相关的写作技巧，旨在帮助撰写者掌握规约类公文的写作方法。

要点提示

▶ 了解规约类公文。

▶ AI 写作规定。

▶ AI 写作规则。

▶ AI 写作守则。

▶ AI 写作公约。

▶ 掌握写作技巧。

9.1 了解规约类公文

扫码看视频

规约类公文，即采用书信形式编写的正式公文，它是党政机关、社会团体、企事业单位之间或个人与组织之间进行沟通、联系和传达信息的重要工具。常见的规约类公文有规定、规则、守则和公约等，下面介绍这四种公文的基础知识。

1. 规定

规定，即领导机关或职能部门为了制定措施来处理特定范围内的工作和事务，而制定的原则要求、执行标准和实施措施等规约类公文。就其内容来说，规定可分为方针政策性规定和具体事宜性规定两类。

与其他公文相比，规定有着明显的规约类公文的特征，具体内容如表 9-1 所示。

表 9-1 规定的主要特征

特征	具体内容
一般性	这主要是针对规定涉及的对象和问题而言的。规定涉及的对象和问题是大多数的人和事，是一般性和普遍性的
规范性	这是针对规定的产生程序而言的。它需要经过严格审批和正式公布才能生成
期限性	这是针对规定的效用而言的。它具是有一定的时效性，仅对文件成立后的相关人员和事项产生效力，同时使之前的文件失效
约束性	这是针对规定的作用而言的。它具有极强的约束力，且约束范围包括时间、空间、人员和机关等相关因素
准确性	这是针对规定的语言运用而言的。它要求语言准确，并体现出规约类公文的规范性

规定一般包括标题和正文两个部分。当然，有时规定还会在标题下方附有题注或发文字号，在文后注明落款。下面从标题和正文这两个部分来说明。

(1) 标题。

规定的标题一般可采用以下两种形式。

- "发文机关+事由+文种"形式，如《××学校关于教师外出兼课的规定》。
- "事由+文种"形式，如《事业单位公车管理规定》。

假如要撰写的规定不是最终确定的，而是"暂行"的，应该在标题中予以说明。

（2）正文。

以章条式写作方式为例，规定的正文包括总则、分则和附则三部分。

总则一般为一章，分若干条，位于规定的最前面，主要是对规定制定的缘由、意义、依据、基本原则和适用范围等做出说明。

分则是规定的核心和主体部分，包括若干章，分若干条，主要是对规定的具体内容和要求做出详细说明。

附则与总则一样，通常以一章若干条的形成来安排内容，是对规定的补充说明，并交代执行的要求，一般包括解释权、生效日期等内容。

2. 规则

规则，也是规约性公文的一种，是国家机关、社会团体和企事业单位为维护公共秩序、公共利益，确保工作、生活等顺利进行而制定的行为准则。规则一般是由群众共同商议、公认或是人大代表通过制定的规约，具有普遍性、不完善性和制约性三个特征。

规则通常由标题、正文和签署三部分构成，下面分别进行介绍。

（1）标题。

规则的标题有两种形式，具体如下。

- 发文机关+事由+文种，如《××市人民政府工作规则》。
- 事由+文种，如《医疗器械分类规则》。

（2）正文。

规则的正文有以下两种写作方式。

- 分条列项式：这种方式适用于内容较少的规则，撰写正文时直接用序号，依次分条列出规则的各个条款，而需要注明的事项如制定规则的缘由、目的和依据，则在条款之前用一段文字说明。
- 分章列条式：当规则内容复杂、层次较多时，正文的写作方法和其他规约类公文的写作方法一样，分为总则、分则和附则三部分。总则主要介绍规则制定的依据、目的等；分则主要介绍规则的各项要求、实行的措施等；附则主要解释、说明相关问题等。

（3）签署。

签署包括发文机关和日期两部分，可以在正文中用括号注明，也可以标注在正文的右下方。

3. 守则

守则是国家机关、社会团体和企事业单位制定的要求所属人员自觉遵守的行为准则和道德规范。制定守则的目的是为了维护公共利益和公共秩序，或是为了实现某一目标、完成某一任务。

守则是根据国家的政策、方针和指示，并结合实际工作需要制定的道德准则，它具有限定适用性和灵活性两个特点。按照不同单位或制定人，守则可以划分为用于行政部门的、用于教育部门的、用于工矿企业的和用于某种生产工艺操作的四种类型。

守则由标题、正文和落款三部分组成，下面分别进行介绍。

(1) 标题。

守则的标题有两种写作形式：一种是发文机关+约束范围+文种，如《××公司员工工作守则》；另一种是约束对象+文种，如《中小学生在校行为守则》。

由于守则的灵活性极强，可按需修改，有些守则在拟定时是不完善的，其规定可能需要具体实验考证之后才能得出效果，因此这类守则往往会在标题之后加入"试行"字样。

(2) 正文。

正文是守则的核心部分，一般在标题之后另起行分条撰写。有些守则在开头部分会总括说明其依据、目的或作用等，然后再另起一行分条撰写具体规定。

(3) 落款。

守则的落款有两种形式：一种是在标题之下用圆括号括入发文机关及发布日期；另一种是在正文的右下方标注发文机关与日期。

4. 公约

公约是党政机关、企事业单位、社会团体或社区群众在自愿自觉的基础上讨论、协商而得出的公共约定。其制定的目的是为了保证学习、工作等的顺利进行，或是更好地贯彻相关法律法规。

公约是群众通过共同协商拟定的规约，它要求人们自觉遵守，因此具有公众约定性、长期适用性和一致认同性三个特征。按照其内容性质划分，公约可以分为行业公约、部门公约和民间公约三类。公约通常由标题、正文和落款三部分组成，下面分别进行介绍。

(1) 标题。

公约的标题有三种写作形式，具体如下。

- 适用范围+文种，如《证券投资基金行业公约》。
- 适用对象+文种，如《××小区业主公约》。
- 公约内容+文种，如《养宠物公约》。

(2) 正文。

公约的正文一般包括三部分，即引言、主体和结尾，具体内容如下。

- 引言：引言相当于新闻中的导语，起总领全文的作用，一般主要说明公约制定的目的和意义。

- 主体：这一部分是公约的核心内容，主要说明制定公约的各个制定者应当遵守的规范，以分条列项的形式呈现，具体到应当做什么、不应当做什么，条理清晰、内容明确。
- 结尾：若需要说明公约相关的执行要求或生效日期，可在正文的结尾处直接说明。

（3）落款。

落款即署名，一般在正文的右下方标注制定公约的主体及时间，也可在标题之下用括号进行标注。

9.2　AI 写作规定

扫码看视频

在使用 AI 写作规定时，具体的规定内容可以由撰写者提供，也可以让 AI 自由发挥，相关案例如下。

 提问

为了控制公司成本、规范员工行为和降低电路事故发生的概率，你需要制定一份关于办公室用电管理的规定，标题为"办公室用电管理规定"，采用"第一条""第二条"这种条款式的写作方式，不超过 15 条

文心一言

办公室用电管理规定
第一条　目的
本规定旨在规范公司办公室内的用电行为，确保用电安全，降低能源浪费，减少电路事故发生的概率，促进公司成本控制与可持续发展。
第二条　适用范围
本规定适用于公司所有办公室及相关区域的用电管理。
第三条　用电安全责任制
各部门负责人应指定专人负责本部门用电安全管理工作，确保各项用电安全措施得到有效执行。
第四条　用电设备采购
采购用电设备时，应选择符合国家相关安全标准的合格产品，避免使用劣质、三无产品。
第五条　用电设备使用
1. 员工在使用电器设备时，应严格按照设备的使用说明进行操作。
2. 禁止私拉乱接电线，确保电线、插座等处于良好状态，及时更换损坏的电器配件。
第六条　节约用电
1. 办公室内应充分利用自然光，减少不必要的照明用电。
2. 长时间不使用电脑、打印机等设备时，应关闭电源或设置为节能模式。

3. 严禁在办公室内使用高能耗、非工作必需的电器设备。

第七条 定时开关

1. 办公室内照明、空调等电器设备应设置定时开关，避免长时间无人使用时的能源浪费。

2. 节假日或下班后，应确保所有电器设备关闭或处于节能模式。

第八条 电器设备检查与维护

1. 定期对办公室内的电器设备进行检查，确保设备正常运行，避免安全隐患。

2. 发现电器设备故障或安全隐患时，应及时报修并停止使用。

第九条 消防安全

1. 办公室内应配备必要的消防器材，并确保员工熟悉其使用方法。

2. 禁止在办公室内堆放易燃易爆物品，确保消防安全通道畅通无阻。

第十条 培训与教育

1. 公司应定期组织员工进行用电安全培训，提高员工的安全意识和操作技能。

2. 新入职员工应接受用电安全培训后方可上岗。

第十一条 监督检查

1. 公司应建立用电安全检查制度，定期对办公室用电安全情况进行检查。

2. 对违反本规定的员工或部门，将视情节轻重给予相应处罚。

第十二条 应急处理

1. 发生电器设备火灾或其他用电安全事故时，应立即切断电源并采取相应的应急措施。

2. 及时报告上级领导和相关部门，并协助进行事故调查和处理。

第十三条 投诉与建议

员工对办公室用电管理有任何意见或建议，可向相关部门或负责人提出，公司将根据实际情况予以处理。

第十四条 修订与解释

本规定的修订权归公司所有，解释权归公司行政部门。

第十五条 生效日期

本规定自发布之日起生效。

9.3 AI 写作规则

扫码看视频

考场规则在生活中的应用极为广泛，例如交通考试、期末考试、职业考试等都有它们专属的考场规则。在使用 AI 写作考场规则时，撰写者可以只提供考试的类型，让 AI 利用大数据来完成规则的编写，相关案例如下。

 提问

T 公司组织了一场车间生产安全知识考试，要求全体员工都参与，请为这场考试撰写一份考场规则，要求：标题为"T 公司车间生产安全知识考试考场规则"，直接用序号依次分条列出规则的条款，不超过 10 条，符合应用场景，实用性强

文心一言

T 公司车间生产安全知识考试考场规则

1. 所有参与考试的 T 公司员工需按时到达指定考场，并携带有效工作证件以便核实身份。

2. 考生进入考场后，应服从监考人员的安排，按指定座位就座，不得随意更换座位。

3. 考试期间，考生应将手机等通信工具关闭或调至静音模式，不得在考场内使用任何通信工具，违者将视为作弊。

4. 考生应自备书写工具，考试期间不得相互借用文具或传递物品。

5. 考试试卷在发放前属于机密材料，考生不得提前翻阅或泄露试题内容。

6. 考试开始后，考生应独立完成试卷，禁止交头接耳、抄袭或帮助他人作弊，一经发现，将取消考试资格并依照公司规定处理。

7. 考试期间，考生如需暂时离开考场，需经监考人员同意并陪同。

8. 考试结束时，考生应立即停笔，将试卷及答题卡整理好放在桌上，待监考人员收齐试卷后方可离开考场。

9. 考生离开考场后，不得在考场附近逗留、喧哗，以免影响其他考生考试。

10. 考生应严格遵守考场纪律，尊重监考人员和考试工作人员，对于违反考场规则的考生，监考人员有权根据公司规定采取相应措施。

9.4　AI 写作守则

扫码看视频

　　守则在生活中通常见于教育领域或生产领域，如《中小学生行为规范守则》《××车间工作规范守则》等。在让 AI 生成守则时，撰写者需要将守则的应用范围、内容要点交代清楚，以免 AI 生成的守则与自己的需求不符，相关案例如下。

　提问

心心蛋糕店为了更好地规范员工的行为，需要制定一份员工守则，要求：介绍守则制定的依据与意义，以及员工需要遵守的详细原则，该守则的解释权归蛋糕店所有，落款为心心蛋糕店，时间为 2026 年 4 月 15 日，要点齐全，重点突出。

 文心一言

心心蛋糕店员工守则
一、制定依据与意义
本员工守则的制定，旨在明确心心蛋糕店员工的权利与义务，规范员工行为，维护良好的工作秩序，提升员工的工作效率和服务质量，确保蛋糕店的经营稳定和持续发展。通过本守则的贯彻执行，我们期望每位员工都能成为蛋糕店形象的代表，共同为顾客提供优质的服务和美味的蛋糕。
二、员工需要遵守的详细原则
1. 遵守法律法规：员工应严格遵守国家法律法规，以及蛋糕店所在地的地方法规和政策，不得从事任何违法活动。

2. 保守商业机密： 员工应保守蛋糕店的商业机密和客户信息，不得向外界泄露或利用这些信息谋取私利。

3. 尊重客户与同事： 员工应尊重每一位客户，礼貌待人，热情服务；同时，也应尊重同事，保持良好的团队合作精神。

4. 爱护公共财产： 员工应爱护蛋糕店的公共财产和设施，不得随意损坏或浪费资源。

5. 遵守工作纪律： 员工应按时上下班，不迟到、不早退；工作期间，不得擅自离岗、串岗或从事与工作无关的活动。

6. 履行职责与义务： 员工应认真履行自己的工作职责，确保工作质量和效率；同时，也应积极履行公司规定的义务，如参加培训、参与团队活动等。

7. 廉洁自律： 员工应廉洁自律，不得利用职务之便谋取私利或收受他人财物；同时，也应遵守公司的财务制度，不得挪用公款或私设小金库。

8. 遵守安全规定： 员工应严格遵守蛋糕店的安全规定，确保自己和他人的安全；在紧急情况下，应积极配合公司采取应对措施。

三、解释权

本员工守则的解释权归心心蛋糕店所有。对于本守则中未涵盖的问题或特殊情况，心心蛋糕店有权根据实际情况进行解释和补充。

四、附则

本员工守则自 2026 年 4 月 15 日起生效，全体员工应严格遵守。如有违反本守则的行为，心心蛋糕店将依据相关规定进行处理。

心心蛋糕店

2026 年 4 月 15 日

9.5 AI 写作公约

扫码看视频

公约通常用于公共事业方面的道德和行为规范，借助 AI，撰写者可以轻松生成所需的公约内容。例如，大学的社团可以制定相应的公约，以约束成员的行为。相关案例如下。

 提问

F 大学的青青园艺社团申请到了第二教学楼的天台作为社团的活动地点，用来放置协会和成员们养护的植物、准备和举办社团活动。为了更好地管理天台，社团准备制定一个成员公约，包括天台的出入规则、清洁、整理、使用时间和注意事项等内容，署名为青青园艺社团，时间为 2026 年 4 月 8 日

🅡 文心一言

青青园艺社团天台成员公约

一、总则

为了更好地管理和使用青青园艺社团所申请的第二教学楼天台，确保所有成员能够在一个安

全、整洁、有序的环境中养护植物、准备和举办社团活动，特制定本公约。本公约适用于所有青青园艺社团的成员。

二、天台出入规则

1. 天台仅对青青园艺社团成员开放，非社团成员未经允许不得擅自进入。

2. 成员进入天台时，请自觉登记个人信息，并遵守本公约的各项规定。

3. 天台开放时间为每天早上××点至晚上××点，请成员们合理安排时间，确保不影响教学楼内其他区域的使用。

三、清洁与整理

1. 成员在使用天台后，需将个人物品整理好，保持天台整洁。

2. 禁止在天台上乱丢垃圾，请将垃圾放入指定的垃圾桶内。

3. 定期对天台进行大扫除，确保植物养护区域和社团活动区域的卫生状况。

四、使用规定

1. 成员在使用天台进行植物养护时，需遵守植物养护规范，确保植物健康生长。

2. 禁止在天台上进行与园艺无关的活动，如烹饪、聚餐等。

3. 举办社团活动时，需提前向社团负责人申请，并按照活动计划进行。

4. 使用天台设施时，请轻拿轻放，爱护公共设施，如有损坏需及时报告并赔偿。

五、注意事项

1. 成员在天台上活动时，请注意安全，遵守相关规定，不得在天台上奔跑、跳跃或进行其他危险行为。

2. 天台内禁止吸烟、酗酒等不良行为。

3. 如有特殊情况需使用天台，请提前与社团负责人沟通，经同意后方可进行。

六、附则

1. 本公约自发布之日起生效，如有修改，需经社团成员大会讨论通过。

2. 如有成员违反本公约规定，社团将视情节轻重给予相应的处理，包括但不限于警告、通报批评、取消社团成员资格等。

青青园艺社团

2026 年 4 月 8 日

9.6　掌握写作技巧

扫码看视频

从性质上看，规约类公文可以分为法规性文书和规约性文书，它们的最大区别在于是否基于直接的法律依据制定的。例如，规定属于法规性文书，而规则、守则和公约则属于规约性文书，不同性质的文书在写作时有不同的技巧和注意事项。

1. 规定的写作技巧

写作规定时，掌握一定的写作技巧和要领可以更熟练地撰写，具体内容如下。

(1) 规定具有极强的约束力，主要是为了贯彻落实某一法律、法规而制定的，因此其内容必须符合国家的法律、法规，而不是与其相悖。

(2) 在规定结构的安排上，应先将把原则性内容放在前面，然后陈述具体内容，并按照一定的主次顺序来安排。这样可以使规定的内容主次分明，点面结合。

(3) 规定是为了促进某一法律、法规的贯彻执行的，因此，规定的内容应该是具有针对性的、切实可行的措施和办法。

(4) 规定在语言的运用上应该体现准确具体、简明扼要的特征，以充分展现其语言的庄重性。

(5) 为了增强其约束力和执行力，撰写规定时应该多使用祈使句，用肯定语气推进法律、法规的贯彻执行。

2. 规则的写作技巧

撰写规则时，需要把握以下写作技巧，以便行文流畅。

(1) 针对性强。

规则是对具体事项或具体活动的规范性要求，应具有明确的对象。如《仓库失火管理规则》，其针对的对象即负责仓库管理的工作人员，在规则中应明确注明，确保其知悉。

(2) 真实客观。

规则的执行、遵守需要所属群众的共同参与，因此在撰写规则时，应确保其符合客观实际，满足所属范围内群众的需求和意见，且具有政策、法规依据，这样才能切实可行。

(3) 逻辑清晰。

逻辑清晰指的是在撰写规则的要求、条例时，应当依次递进、层次清晰、条理清楚，如"先倡导，后禁止""先规范，后要求"等。

3. 守则的写作技巧

守则的撰写可以从以下两个方面进行把握，以便有针对性地、快速地行文。

(1) 内容上指向明确。

守则的内容一般为针对某一具体的规范对象而制定的相关规定，以国家法律或法规为依据，并具有一定的地方特色。因此，在内容上要明确守则主要针对的对象，以便守则更好地落实。例如，针对某车间工作人员的守则，其内容就应该以本单位车间员工的行为规范为指向来撰写。

(2) 语言上凝练易懂。

由于守则的行文相对灵活自由，其语言应保持通俗直白，以便约束对象更好地按照守则规范自己的行为。而且，就守则的适用范围或规范对象而言，凝练易懂的语言更具有实用性。

4. 公约的写作技巧

撰写公约时应注意内容和语言上的规范，以便公约制定者更好地遵守，具体内容如下。

(1) 内容。

公约是由制定者协商制定的自愿遵守的自我规范，其在内容上应全面、具体，以便公约制定者更好地按照约定履行某些事项。而且，公约具有长期适用性，这就要求内容全面且确定，以便公约更好地发挥其效用。

(2) 语言。

公约与其他规约类公文的不同之处在于由协商制定而成，具有民众意愿，因而在语言表达上要灵活、简便，在语气上应和蔼、温和，以起到鼓励公约制定者遵守的作用。

第 10 章

AI 写作凭证类公文

学前提示

凭证类公文也是公文的一大类别，包括意向书、合同、协议书和收条等。在日常生活中，特别是在经济领域和日常往来中，它们应用得比较广泛。本章主要介绍四种凭证类公文的基础知识、AI 写作的方法及相关的写作技巧，旨在帮助撰写者掌握凭证类公文的写作方法。

要点提示

- ▶ 了解凭证类公文。
- ▶ AI 写作意向书。
- ▶ AI 写作合同。
- ▶ AI 写作协议书。
- ▶ AI 写作收条。
- ▶ 掌握写作技巧。

10.1　了解凭证类公文

扫码看视频

凭证类公文是正式的书面文件，用于证明特定事实、事件或交易的合法性及真实性，包括意向书、合同、协议书和收条等。凭证类公文具有法律效力，是商业和个人活动中不可或缺的重要凭证。

1. 意向书

在正式形成合同或协议之前，当事人双方或多方会针对其初步设想达成一致意向，在这样的情况下确立的文件就称为"意向书"。在结构上，意向书一般由标题、正文和落款三部分组成。

（1）标题。

意向书的标题有多种形式，具体如下。

- "当事人单位名称+事由+文种"形式，如《×××(单位)与×××(单位)关于(单位)合作的意向书》。
- "当事人单位名称+文种"形式，如《××(单位)与××(单位)意向书》。
- "事由+文种"形式，如《××原料合资生产意向书》。
- "文种"形式，即以"意向书"命名。

（2）正文。

意向书的正文部分，一般按照开头、主体和结尾的顺序来撰写，具体内容如下。

- 开头：为意向书的导语部分，主要介绍当事人双方的单位名称、合作事项、订立依据和目的等，并在最后以一句话引出下文。
- 主体：为意向书的核心部分，主要采用分条列项的形式来写明达成的合作性意见。
- 结尾：主要是为将来签订合同、协议打下基础，一般写成"未尽事宜，在签订正式合同(协议书)时再予以补充"。

（3）落款。

意向书的落款应注明当事人双方或多方的单位名称、代表人姓名和联系方式，并加盖印章，最后注明日期。

2. 合同

合同在日常生活中比较常见，并且这一公文文种的概念已经有相关法律对其进行界定，如《中华人民共和国合同法》第 2 条规定的"合同"概念为"合同是平等主体的自然人、法人、其他组织之间设立、变更、终止民事权利义务关系的协议"。

合同根据不同的标准，可以划分为不同类别。例如，根据是否支付报酬，合同可分为有偿合同和无偿合同；根据订立形式的不同，可分为要式合同和不要式合同；根据订立要求的不同，可分为实践合同和诺成合同；根据合同地位的不同，可分为主合同和从合同；根据名称和规则的有无，可分为有名合同和无名合同。

合同作为一种凭证类公文，一般由标题、订立单位、正文和落款四部分组成，具体内容如下。

(1) 标题。

由于合同是当事人双方或多方订立的，因此其标题与其他公文不同，一般不注明制发机关。合同的标题一般采用"事由+文种"形式，如《采购合同》。当然，有时也会注明当事人自己的单位，如购销合同，对购货方来说，写成《××(单位)采购合同》；对供货方来说，写成《××公司销售合同》。

(2) 订立单位。

订立单位位于标题之下、正文之前。在注明订立单位时，要另起一行并排书写当事人双方或多方的基本信息；单位名称要写全称，并用括号注明"甲方""乙方""买方""卖方"等。

(3) 正文。

合同的正文由开头(引语)、主体和结尾三部分组成，具体内容如表 10-1 所示。

表 10-1　合同正文的组成部分

部分	具体内容
开头	这是合同的引语部分。一般写明订立合同的依据和目的，如"为了/根据……，甲乙双方签订本合同"等
主体	这是合同的核心部分，一般包括五个方面的内容，具体如下。 (1)合同标的； (2)质量或数量方面的保证； (3)价款或酬金； (4)履行合同的期限、地点和方式； (5)违约责任 当然，根据订立的需要，还可增加必要的其他条款
结尾	合同的结尾一般包括四个方面的内容，具体如下。 (1)合同争议解决的方式； (2)合同正、副本信息； (3)合同的全部附件说明； (4)合同的生效日期和有效期限

（4）落款。

相较其他公文来说，合同的落款内容更翔实，一般包括合同当事人的签字、盖章，合同订立双方或多方的联系方式、开户银行和账号，以及合同订立的日期等三项具体内容。

3. 协议书

从狭义的角度来看，协议书是指党政机关、社会团体、企事业单位和个人为了解决某一问题或确定某种法律关系，而经过谈判或协商取得一致意见后签署的具有法律效力的契约类文书，它也是一种凭证类公文。

从结构上来看，协议书主要由标题、正文和落款三部分组成，具体内容如下。

（1）标题。

协议书的标题，一般有两种写作形式。

- "双方单位名称+事由+文种"形式，如《××(单位)与××(单位)关于××协议书》。
- "事由+文种"形式，如《教育特色网站使用协议书》。

（2）正文。

协议书正文部分的内容比较多，首先是在开头写明签署协议书的背景、目的和依据等内容。然后在正文主体部分写明协议的具体事项，主要包括当事人双方或多方的标的、协议的时间和期限、协议的条款和酬金、协议条款履行的期限及违约责任。最后在正文的结尾部分做一下补充说明，如"协议未涉及的××另行协商解决"。

（3）落款。

协议书的落款与意向书相似，应注明当事人双方或多方的单位名称、代表人姓名和日期，并加盖印章，有时还会写明当事人的联系方式、开户银行及账号。

4. 收条

收条，是收领人写给送交者的作为收到钱或物凭证的文书，所有能体现这一收领与送交关系的场合都能使用这一文体样式。根据应用对象的不同，收条可以分为以下四种类型。

（1）个人与个人之间开具的收条。这是基于个人钱物往来的收条。

（2）个人写给单位的收条。它以个人的名义开具，需要将收条交给单位的某一位经手人。

（3）单位写给个人的收条。它以单位的名义开具，由某一位经手人交给个人。

（4）单位与单位之间开具的收条。它以单位的名义开具，由该单位的经手人交给另一个单位的经手人。

作为一种凭证类公文，收条在格式上有着严格要求，具体内容如下。

（1）标题。

收条的标题应居中书写，位于正文上方，一般有以下两种形式。

- 以"收条"或"收据"为标题。
- 以"今/现/已收到""收到""代收到"为标题，把正文中的前两字或三字作为标题。

（2）正文。

以上述第一种标题形式书写的收条，正文格式为在第二行行首空两格；以上述第二种标题形式书写的收条，正文格式为顶格书写。

正文内容一般为收领人收到的钱物数量、品种、规格等，也就是说，应用简洁的语言把钱物写清楚。

（3）落款。

收条的落款应注明收领人姓名或收领单位的名称、收领的具体时间，并加盖公章。

如果是以单位名义开具的，应写明单位名称并加盖公章，并在收领人姓名前加上"经手人："字样。如果是由代收人开具的，则应在收领人姓名前加上"代收人："字样。

10.2 AI 写作意向书

扫码看视频

合作意向书是当事人双方或多方就某一事项达成共识而签订的文件。由于双方或多方可能会提出不同的意见和要求，并且出于信息保密的需要，撰写者可以利用范文让 AI 生成一份格式正确、要素齐全的初稿，后续再根据具体的合作要求进行手动调整。相关案例如下。

 提问

下面是一份合作意向书的范文，请你根据范文的格式和要素，写一份主题为湿地生态保护公益项目的合作意向书，甲方为 F 市湿地生态保护协会，乙方为 E 公司。

××项目合作意向书

甲方：＿＿＿＿＿＿＿＿＿＿＿＿＿＿＿

乙方：＿＿＿＿＿＿＿＿＿＿＿＿＿＿＿

甲乙双方本着平等互利、优势互补的原则，经友好磋商，达成以下合作意向：

一、项目合作宗旨

为××××(目的)，乙方于××××年×月联合甲方及社会各界发起××项目。

××项目的核心理念及宗旨是××××。

二、合作模式

甲乙双方……

三、双方约定(略)

1. 乙方……

2. 双方……

3. 甲方……

四、**本意向书是双方合作的基础。**甲乙双方的具体合作内容以双方的正式合同为准。

甲方(盖章)：　　　　　　　　乙方(盖章)：

代表签名：　　　　　　　　　　代表签名：

日期：　　　　　　　　　　　　日期：

文心一言

湿地生态保护公益项目合作意向书

甲方：F市湿地生态保护协会

乙方：E公司

鉴于甲乙双方对湿地生态保护事业具有共同的认识和愿景，为了推动湿地生态保护事业的发展，甲乙双方经友好协商，达成以下合作意向：

一、项目合作宗旨

为加强湿地生态保护，提高公众对湿地生态价值的认识，甲方与乙方共同发起湿地生态保护公益项目。该项目的核心理念及宗旨是：通过合作，整合双方资源，共同推进湿地生态环境的恢复与保护，提升湿地生态系统的服务功能，为社会的可持续发展做出贡献。

二、合作模式

1. 甲方作为湿地生态保护的专业机构，将提供湿地生态保护的技术支持、政策建议以及项目监督等方面的服务。

2. 乙方作为具有社会责任感的企业，将提供资金支持、项目推广以及志愿者招募等方面的帮助。

3. 双方将共同制定项目实施方案，明确项目的目标、任务、时间表和预算，确保项目的顺利实施。

三、双方约定

1. 乙方承诺在项目合作期间，向甲方提供必要的资金支持，用于湿地生态保护项目的实施。

2. 双方将共同开展湿地生态保护的宣传教育工作，提高公众对湿地生态价值的认识。

3. 甲方将协助乙方组织湿地生态保护志愿者活动，共同推动湿地生态保护事业的发展。

4. 双方将建立定期沟通机制，确保项目合作的顺利进行，及时解决合作过程中出现的问题。

四、**本意向书是双方合作的基础。**甲乙双方的具体合作内容以双方的正式合同为准。

甲方(盖章)：F市湿地生态保护协会

代表签名：＿＿＿＿＿＿＿＿＿＿

日期：＿＿＿＿＿＿＿＿＿＿＿

乙方(盖章)：E公司

代表签名：＿＿＿＿＿＿＿＿＿＿

日期：＿＿＿＿＿＿＿＿＿＿＿

10.3　AI 写作合同

扫码看视频

在日常生活中，租房合同是一种非常常见且实用性强的合同文书。由于数据和理解能力的限制，AI 直接生成的租房合同可能会存在一些问题.撰写者可以让 AI 生成合同模板，然后自己再根据相关法律和实际情况进行修改。相关案例如下。

 提问

小李有一套两室一厅的房子，位置是 S 市 U 区××街道××小区 11 栋 1109，租金是 2000 元/月，付款方式为押一付一，物业费为 50 元/月，有免费宽带，水、电、燃气等费用在入住时结算，家电设施在入住时双方共同确认并登记好。另外，租客不能在房子里养宠物或开展营利性的活动，一经发现就立即清退。

请你为小李写一份租房合同的模板，以便他出租时使用。

 文心一言

房屋租赁合同

本合同由以下双方于[签订日期]在 S 市 U 区签订：

出租方(甲方)：小李

身份证号码：[小李的身份证号码]

联系电话：[小李的联系电话]

承租方(乙方)：

身份证号码：[承租方的身份证号码]

联系电话：[承租方的联系电话]

根据《中华人民共和国合同法》及相关法律、法规的规定，甲、乙双方在平等、自愿的基础上，就甲方将房屋出租给乙方使用、乙方承租甲方房屋事宜，为明确双方的权利与义务，经协商一致，订立本合同。

第一条　房屋基本情况

甲方出租给乙方的房屋位于 S 市 U 区××街道××小区 11 栋 1109，建筑面积约为[具体面积]平方米，房屋类型为两室一厅。

第二条　租赁期限

租赁期限自[起租日期]起至[退租日期]止。

第三条　租金及支付方式

1. 租金为人民币 2000 元/月，乙方需按月支付租金给甲方。

2. 乙方需支付一个月的租金作为押金，即人民币 2000 元。合同期满或双方协商解除合同后，甲方在扣除应由乙方承担的费用后，剩余押金需无息退还给乙方。

3. 租金支付方式为押一付一，即乙方需在每月[租金支付日期]前支付下月租金及押金。

第四条　房屋维护及费用

1. 乙方应妥善使用房屋及附属设施，如因使用不当造成房屋及设施损坏的，乙方应负责修复或赔偿。

2. 物业费为人民币 50 元/月，由乙方承担。

3. 房屋内已安装免费宽带供乙方使用，但使用过程中产生的相关费用由乙方自行承担。

4. 水、电、燃气等费用由乙方在入住时与甲方共同确认并结算。

第五条 房屋使用规定

1. 乙方不得在房屋内养宠物或开展营利性的活动。

2. 乙方不得擅自改变房屋结构及用途，不得将房屋转租、转借给第三方使用。

3. 乙方应按时缴纳租金及其他费用，如逾期未缴，甲方有权按照法律规定收取滞纳金。

第六条 合同的解除与终止

1. 如乙方违反本合同规定，甲方有权解除合同并要求乙方立即搬离房屋。

2. 合同期满或双方协商解除合同后，乙方应在规定时间内搬离房屋并交还钥匙。

第七条 争议解决

本合同在履行过程中发生的争议，由双方协商解决；协商不成的，任何一方均有权向房屋所在地人民法院提起诉讼。

第八条 其他

本合同一式两份，甲、乙双方各执一份。本合同自双方签字(或盖章)之日起生效。

甲方(出租方)：[小李签名]

日期：[签订日期]

乙方(承租方)：[承租方签名]

日期：[签订日期]

请注意，本合同仅为模板，具体内容应根据实际情况和双方需求进行调整。在签订正式合同前，建议双方充分协商并咨询专业法律人士的意见。

10.4 AI 写作协议书

扫码看视频

协议书是一种与合同相似的凭证类公文，无论是在格式还是内容方面，它们都存在相通之处。撰写者可以先让 AI 阅读和理解范文，然后再根据要求生成需要的协议书。相关案例如下。

 提问

请你根据我要求的步骤进行操作。

第 1 步：阅读并理解下面这篇协议书的范文。

第 2 步：根据范文的格式和要素，生成一份 Y 市汉服协会和 P 大学就汉服推广的合作协议书

××与××合作协议书

甲方：××

乙方：××

(前言，可以介绍合作背景、合作的必要性)

为此，××(甲方)决定×××××(目标)

为了实现以上目标，双方达成如下协议：

一、甲方为了××××，诚恳邀请乙方××××。

二、乙方××××，给予甲方以力所能及的支持。

三、乙方对甲方的支持，主要包括××××。

四、甲方为乙方提供××××。

五、具体合作项目以附件形式附后，附件由双方职能部门商定，另择时间签订。

六、本协议未涉及的项目及未尽操作性的事宜另行协商解决。

甲方：××(盖章)　　　　　　　乙方：××(盖章)

代表签名：×××　　　　　　　　代表签名：×××

日期：××××年×月×日　　　　日期：××××年×月×日

附件一：(略)

附件二：(略)

文心一言

Y 市汉服协会与 P 大学汉服推广合作协议书

甲方：Y 市汉服协会

乙方：P 大学

鉴于汉服作为中华传统文化的重要组成部分，近年来受到越来越多人的关注和喜爱。为了进一步推广汉服文化，促进汉服产业的发展，Y 市汉服协会(以下简称"甲方")与 P 大学(以下简称"乙方")经友好协商，决定在汉服推广领域开展深入合作。为此，双方达成如下协议：

一、甲方为了推动汉服文化的普及和发展，诚恳邀请乙方参与汉服推广项目，共同打造具有地方特色的汉服文化品牌。

二、乙方将充分发挥其教育资源优势，组织相关学者、教师及学生团队，对汉服文化进行深入研究和推广，给予甲方以力所能及的支持。

三、乙方对甲方的支持主要包括：

1. 提供汉服文化研究及推广的学术支持，协助甲方开展相关课题研究；

2. 组织学生团队参与汉服活动的策划、执行及宣传工作；

3. 在校园内举办汉服文化讲座、展览等活动，提高师生对汉服文化的认识和兴趣；

4. 协助甲方联系其他相关单位，拓展汉服推广的合作渠道。

四、甲方为乙方提供以下支持：

1. 提供汉服及相关文化产品的展示平台，方便乙方在校园内举办相关活动；

2. 邀请知名汉服设计师、专家为乙方师生提供培训和指导；

3. 协助乙方与汉服产业相关企业建立联系，为学生提供实习和就业机会；

五、具体合作项目以附件形式附后，附件由双方职能部门商定，另择时间签订。

六、本协议未涉及的项目及未尽操作性的事宜，双方将另行协商解决。

甲方：Y 市汉服协会(盖章)

代表签名：_____

日期：____年__月__日

乙方：P 大学(盖章)

代表签名：_____

日期：____年__月__日

附件一：汉服推广合作项目清单

附件二：合作协议补充条款(如有)

(注：以上协议仅供参考，具体内容可根据双方实际情况进行调整和完善。)

10.5　AI 写作收条

扫码看视频

收条的写作比较简单，在运用 AI 进行写作时，撰写者只需要提供必要的信息，AI 就可以根据信息快速生成收条.下面介绍具体的操作方法。

 提问

K 市天天中学在××××年××月××日收到了爱心人士 M 女士捐赠的柒拾万元办学经费和 18 台乒乓球桌，经手人为小刘，现在需要写一份收条，标题为"收条"，内容为"今收到×××捐赠的×××。"落款包括单位名称、经手人和日期。

文心一言

收条

今收到 M 女士捐赠的柒拾万元(人民币整)办学经费及乒乓球桌 18 台，用于天天中学的办学与体育活动支持。

单位名称：K 市天天中学

经手人：小刘

日期：××××年××月××日

10.6　掌握写作技巧

扫码看视频

大部分凭证类公文的内容都需要符合法律法规或相关规定，因此撰写者在写作时要特别注意，如果有不确定的内容，最好亲自查阅证实。除了内容要合法合规之外，撰写者在写作凭证类公文时，还需要掌握相关的写作技巧。

1. 意向书的写作技巧

意向书的写作关乎当事人双方接下来的谈判和合作，因此在写作时要特别注意，以免影响后续事宜的发展。具体来说，要写好意向书，应该注意以下几方面的问题。

(1) 内容方面。

意向书的内容是其基础，因此首先应确保意向书的各个事项真实且合理合法，并且在表达时不能太绝对，要注意留下发展和转圜的余地。

（2）结构方面。

在内容确立的情况下，还应该注意结构上的完善，即意向书的标题、正文和落款三部分缺一不可。

（3）语言方面。

与其他公文不同的是，撰写意向书时，不要求语言表达具体，而要求用比较笼统的语言来陈述，以保证其表达的弹性。

（4）态度方面。

撰写者在撰写意向书时，还应该注意自身的态度，即不能因为意向书不具备法律效力而随意撰写，或对一些关键问题贸然做出承诺，这些都可能损害自身形象或利益，是撰写态度不端正的表现。

（5）原则方面。

在撰写意向书时，还应该坚持两个原则：一是平等互利原则，以保证当事人双方的权利；二是合乎规定原则，这主要是指意向书应符合法律法规的要求，同时应在自身职权部门能解决的范围之内。

2. 合同的写作技巧

在拟定合同时，需要在以下方面加以注意。

（1）内容的合法与完备。

合同是建立在一定的法律、规定基础之上的，只有内容与法律相符、与国家政策和规定相符的合同才是有效的。

合同的内容不仅需要合法，还应该是完备的。也就是说，合同不能有任何疏漏。

（2）语言的清楚与准确。

合同的语言务必写得清楚明白，不能含糊不清；务必写得准确，不能出现歧义。这是确保合同避免发生争议的基本保证。

（3）订立的稳定和一致。

合同的订立是建立在双方意见表达一致的基础上的，因此，合同一经签订，就不能随意改动。如果需要对合同做出修改，应在双方或多方协商一致的情况下，把修改意见以附件形式附于合同后，并经双方或多方签字确认才能生效。

3. 协议书的写作技巧

协议书是一种具有法律效力的文书，因此在写作时需要遵循一定的原则，并在以下方面加以注意。

（1）注意内容的合法性。

协议书的内容首先应该符合国家法律、法规和政策要求，不能在其中出现与国家法律、法规和政策要求相悖的内容。

（2）遵守订立的原则性。

协议书的签署应该遵循协商一致、平等互利和等价有偿的原则，具体内容如下。

- 协商一致：是在协商一致的基础上签署的，是出于当事人双方或多方自愿的。
- 平等互利：在协商过程中，应该遵守平等互利的原则，当事人之间的地位是平等的，并在合作过程中实现双赢或多赢。
- 等价有偿：要在遵循价值规律的情况下，做到等价有偿，体现公平交易的精神。

（3）把握语言的准确性。

与合同一样，协议书的语言应该准确、具体，把当事人双方或多方协议的具体事项写得清楚明白，确保协议起到约束作用，以保证合作的正常进行。

4．收条的写作技巧

收条是收领钱物的凭证，因此在写作时要特别慎重，不能出现差错。关于收条的写作，应该注意以下几个方面。

（1）在撰写收条前，首先应了解所收到钱物的具体信息，如对钱物的数额或数量进行清点，把握其品质和规格，确保准确无误。

（2）在语言方面，应该删除无关紧要的内容，做到"务去陈言赘语"。

（3）在内容上，不能进行涂改，以免造成不良后果。特别需要注意的是，金额应大写。

（4）对于代收人开具的收条，应该以"代收到"为标题，并在落款的署名处加"代收人："字样。

第 11 章

AI 写作讲话类公文

学前提示

在日常生活中，人们总是通过话语来表达某一目的和某种意义，像发言稿、悼词、开幕词和欢迎词等讲话类公文的作用也是如此。本章主要介绍四种讲话类公文的基础知识、AI 写作的方法及相关的写作技巧，旨在帮助撰写者掌握讲话类公文的写作方法。

要点提示

▶ 了解讲话类公文。

▶ AI 写作发言稿。

▶ AI 写作悼词。

▶ AI 写作开幕词。

▶ AI 写作欢迎词。

▶ 掌握写作技巧。

11.1 了解讲话类公文

扫码看视频

讲话类公文是官方或组织在特定场合下，由领导或代表发表的具有指导性或宣传性的文字材料，主要起传达政策、部署工作、激励士气或指导实践的作用。常见的讲话类公文有发言稿、悼词、开幕词和欢迎词等，本节主要介绍这四种公文的基础知识。

1. 发言稿

发言稿，指的是与会人员在会议上发言的稿子。这是在各级党政机关、社会团体和企事业单位中广泛应用的一种公文文种。发言稿有广义和狭义之分。广义的发言稿是指人们在特定场合发表言论的文稿，狭义的发言稿是指一般与会人员在会议上发表的重点阐述意见、看法等的文稿，这里主要介绍狭义的发言稿。

发言稿从其内容上来看，可分为工作类发言稿和非工作类发言稿两大类。其中，工作类发言稿是指针对工作方面的问题、情况做出的有建设性发言的文稿，一般都是对工作进行总结、对未来工作表达某种愿景和目标、对工作中出现的问题提出建议和意见等。

非工作类发言稿主要用于特定场合或有特定目的的发言，如纪念、表彰等。这类发言稿更倾向于情感和与会目的的表达，内容上往往在时间方面具有很大跨度，即包括对过去、现在和未来具体情况的描绘，其主旨更多的是针对受众的精神感召。

发言稿一般由标题和正文两部分组成，每一部分都有特定的要求，具体内容如下。

(1) 标题。

发言稿的标题主要可分为以下两种。

- "三要素"标题。这种发言稿标题包括发言者、发言事由和文种类别三个完整的要素，如《××××(人名+职位或称呼语)在×××会议上的发言》。
- "主+副"标题。这种发言稿标题一般是在"三要素"标题这一副标题前加上一个能表达发言中心或主旨的主标题，如《如何成为一名优秀的××(职位或职业)——在×××会议上的发言》。

(2) 正文。

一般来说，一篇文章可分为三个部分，即开头、主体和结尾。发言稿也是如此。

发言稿的开头犹如人们常说的"开场白"，一般都是先确定称谓。发言稿开头的称谓应该根据与会人员的情况和会议性质来决定。在称谓之后，要加上问候语，如"大家好！"然后才进入发言稿开头的正题，即从一个合适的角度切入发言的缘由，引出发言稿的主体内容。

发言稿的主体内容应该围绕会议的内容和发言的目的来展开，或是对会议内容或传播精神的理解和把握，或是针对会议提出的问题发表自己的看法、观点，或是讲话者对未来发展或工作的愿景等。

结尾应该对全篇做出总结，还可以针对讲话者的内容征询与会者的其他意见。在发言最后要向大家礼貌地表达感谢，如"谢谢大家"。

2. 悼词

悼词是对逝者生平的缅怀与纪念，它深情回顾了逝者的一生，表达了对其品质的敬意，同时也寄托了对亲友失去亲人的慰藉和哀思。一篇完整的悼词大致由标题、正文、结尾三部分组成，具体内容如下。

(1) 标题。

悼词的标题一般有以下三种样式。

● 在正文前居中书写"悼词"两字。

● 主持追悼会的主持人在宣读悼词时，应当使用《××同志致悼词》。

● 如果需要公告或贴印悼词，标题应写为《在××同志追悼会上××同志致的悼词》。

(2) 正文。

悼词的正文主要表达哀思，具体包括四个内容，即点明哀思的主题、明确哀思的对象、对哀思对象事迹的称赞，以及对生者的展望与希冀。

(3) 结尾。

结尾一般与开头呼应，即再次点明哀思的主题，一般有两种写法。

● 省略式："愿××同志在地下安息！"

● 升华式："××同志和我们永别了，我们要化悲痛为力量……××同志的精神将永垂不朽！"

3. 开幕词

开幕的含义由"表演开始时拉开舞台前的幕"发展到"一件事、一种情况的开始"，由此也赋予了与开幕有关的衍生词新的含义。其中，"开幕词"表示会议或重大活动开始时的正式讲话文稿。

从内容来看，开幕词具有差异性，这种差异性主要体现在其内容的表达方式上。针对这方面而言，开幕词主要分为两类，即一般性开幕词和侧重性开幕词。

开幕词与发言稿类似，也由标题和正文两部分组成，具体内容如下。

(1) 标题。

在标题的写作上，开幕词标题通常分为以下两类。

● 基本要素标题：这种开幕词标题包括了主持人(或领导人)、会议(或活动)全称和文种类别等要素。

- "主+副"标题：这种开幕词标题一般是在包含基本要素的副标题前加上一个能表达会议或活动中心、主旨的主标题。

(2) 正文。

一般来说，开幕词的正文也由三部分组成，即开头语、主体和结语。开幕词的开头语通常包括三个必要要素，具体内容如下。

- 称谓。通常用来指明会议或活动的性质及参与者的特定身份。根据参与者的不同，开幕词的称谓会有所不同，常见的称谓包括"各位××""女士们，先生们"等，当有特邀嘉宾参加时，应该对其加以特定说明，如"尊敬的××先生，各位××，朋友们"等。
- 宣布开幕。它紧接在称谓后，在格式上应另起一段，一般写作"××××大会(或活动)今天开幕了"，注意要独立成句。
- 会议情况简介。它一般包括会议和活动的规模、参与者的身份等，当然也应该对会议的召开或活动的举行及参与者表示祝贺。

在正文的主体部分，应该具体说明会议或活动的三个内容，包括概括总结以往工作；阐述会议或活动的指导思想，提出任务，并对会议或活动过程做出说明和安排；为确保顺利召开会议或举行活动，向参与者提出希望和要求。

开幕词的结语，一般都是带有鼓动性的口号，如"预祝大会/运动会获得圆满成功"，力求简短、有力。与开头语的宣布开幕和会议情况简介一样，结语也应该独立成段。

4. 欢迎词

欢迎词，就是对人表示欢迎的讲话稿。它主要用于接待或招待客人的正式场合，是主人方为表示欢迎而在宴会、座谈会等场合发表的讲话。欢迎词可以从两个角度进行分类，具体内容如表 11-1 所示。

表 11-1　欢迎词的类别

类别		具体内容
根据社交性质划分	公事往来欢迎词	一般用于较庄重的公共事务，因此要求比较正式和严格，且应该有事先拟好的正式书面文稿
	私人交往欢迎词	一般用于非官方场合，不需要事先拟好文稿，因此具有很大的即时性、现场性
根据表达方式划分	现场讲演欢迎词	一般是主人方在客人到达时现场发表的文稿
	报刊发表欢迎词	一般是在报刊等公开发行的刊物上发表的表示欢迎的文稿，其发表时间多为客人到达前后

无论是哪种类型的欢迎词，都是用在表示欢迎这一特定场合中的，因此其呈现出两个明显的特征，具体内容如下。

(1) 口语化。口语化是所有讲话类公文的主要特征，欢迎词也不例外。而且欢迎词的口语化特征更加明显，这是由其性质和用途决定的。首先，它是一种向宾客口头表达的讲话；其次，它意在拉近与宾客之间的关系。

(2) 欢愉性。欢迎词是对宾客表示欢迎的讲话，整体上要求体现一种欢愉的氛围，能带给宾客一种"宾至如归"的感觉。

欢迎词也是一种讲话稿，因此，在格式上与发言稿和开幕词有许多相似之处，如标题的组成、称谓等，当然也存在差异。下面介绍在撰写欢迎词时应该注意的格式问题。

(1) 标题。

欢迎词的标题可以根据不同的场合具体撰写。一般情况下，以"欢迎词"作为标题，这类标题鲜明、简洁，突出了其文种。而在比较正式的场合，其标题的撰写有以下两种格式。

- 致词场合+致词人+文种：一般表示为《×××(致词人)在×××(致词场合)上的欢迎词》，有时还可以把"欢迎词"替换成"讲话"。
- 致词场合+文种：一般表示为《在×××上的欢迎词》，省略了致词人。

(2) 称谓。

与其他讲话类公文相比，欢迎词的称谓更重要，因此我们将其作为一个单独的组成部分来介绍。

欢迎词的称谓首先应使用敬词，即在称呼前加上"尊敬的""亲爱的"等修饰语，这样显得亲切；其次，应该注意使用全称，以便让受众明确欢迎词的宾客对象。

面对集体成员时，可以用"各位来宾"或"女士们、先生们"来称呼，这是一种适用于各种场合的称谓。

(3) 正文。

欢迎词的正文，主要包括以下四个方面的内容。

- 致词的缘由。也就是让来宾明白这篇欢迎词是在什么情况下、代表谁发表的，并向宾客表示欢迎、感谢和问候。
- 来访目的和意义。也就是对宾客到来的目的和意义进行介绍，让大家明白此次欢迎的重要性。
- 双方的交往。这是欢迎词中一项非常重要的内容，一般包括双方交往的历史、赞扬来宾在交往中所做出的贡献、双方合作的成果，以及期待进一步交往的意愿。
- 表达祝愿或希望。这是欢迎词正文最后需要表达的，不可或缺。

(4) 落款。

在欢迎词正文的右下方，应该写明致词的机关和致词人，并注明日期。当然，这一内容在演说时是不需要表达出来的，只有在正式发表时才会注明。有时也可把这一内容移至标题之下，让读者明白即可。

11.2　AI 写作发言稿

扫码看视频

在使用 AI 写作发言稿时，除了可以对发言稿的主题和格式提出要求外，撰写者还可以对发言稿的字数提出要求。需要注意的是，AI 目前对字数要求的理解还不够精准，可能会出现生成的发言稿字数少于或多于要求的情况。相关案例如下。

 提问

你是 T 市宠物协会的副会长小红，需要代表协会在全市宠物行业交流大会上对下半年的工作进行表态，请根据以下格式和内容，撰写一篇发言稿，不超过 600 字。
标题："××××(人名+职位或称呼语)在×××会议上的发言"
正文：开篇对发言稿的缘由进行交代，总结上半年的工作成绩，并引出实现下半年的工作目标和应该怎么做的中心主题；主体部分条分缕析、层次分明地介绍怎么做，从认识到措施再到实效，一步步深入；结尾对全篇做出总结，并表达感谢。

🤖 **文心一言**

小红在全市宠物行业交流大会上的发言
尊敬的各位领导、各位同仁：

大家好！我是 T 市宠物协会的副会长小红，非常荣幸能在此次会议上代表我们协会发言。首先，我要感谢大会组织者为我们提供了一个宝贵的交流平台，同时也感谢各位同仁一直以来对宠物行业的辛勤付出和贡献。

回顾上半年，我们协会在各位的共同努力下，取得了一系列显著的成绩。我们成功举办了多场宠物健康知识讲座，提高了市民对宠物养护的认识；我们还积极参与了社区宠物公益活动，增进了宠物与社区居民之间的和谐关系。这些成绩的取得，离不开每一位同仁的辛勤工作和无私奉献。

展望下半年，我们将以更高的标准、更严的要求，继续推动宠物行业的健康发展。首先，我们要深化对宠物行业重要性的认识，明确宠物不仅是我们的忠实伙伴，更是社会文明进步的标志之一。其次，我们将采取一系列措施，加强行业自律，提升服务水平。我们将加强培训，提高宠物从业人员的专业素养；同时，我们还将推动行业标准的制定和实施，确保宠物行业的规范发展。

在实效方面，我们将注重工作落实和成果检验。我们将建立健全工作机制，确保各项措施得到有效执行；同时，我们还将加强监督评估，及时发现和解决问题，确保工作取得实效。

最后，我要感谢各位同仁对我们协会工作的支持和信任。我相信，在大家的共同努力下，我们一定能够推动 T 市宠物行业不断迈上新的台阶，为市民提供更加优质的服务。谢谢大家！

11.3 AI 写作悼词

扫码看视频

撰写者在编写让 AI 写作悼词的指令时，除了介绍逝者的生平之外，还要将对悼词的情感要求写清楚，这样生成的悼词才能既包含对逝者的惋惜，又有对生者的安慰和勉励。相关案例如下。

 提问

Y 同志生于××××年××月××日，他于××××年××月××日，因白血病身亡，享年××岁。Y 同志性格开朗，在生活和工作中乐于助人；在与病魔斗争的这些年，他还专心于写作事业，出版了多本温暖感人的小说作品，治愈了很多读者。Y 同志还将图书出版的部分收入捐赠给了白血病救治基金会，以帮助其他病友。

请你帮我写一篇哀悼 Y 同志的悼词，标题为"致 Y 同志悼词"。在内容的安排上，先对逝者的离世表示难过，交代逝者离世的原因，接着简要介绍逝者的生平，并表示称赞，最后勉励在世者节哀，并提出希冀。结构要完整，语言要简朴。

文心一言

致 Y 同志悼词

各位同仁、各位朋友：

今天我们怀着无比沉痛的心情，悼念我们亲爱的 Y 同志。他因白血病不幸于××××年××月××日离世，享年××岁。我们失去了一位好同志、好朋友，他的离世让我们感到深深的忧伤和无尽的哀思。

Y 同志性格开朗，他的一生都在用实际行动诠释着无私与奉献。在生活中，他乐于助人，无论是亲朋好友还是陌生人，只要有需要，他总是毫不犹豫地伸出援手。在工作中，他兢兢业业、认真负责，是我们学习的榜样。

在与病魔斗争的这些年里，Y 同志没有向命运低头，他坚强乐观，用文字温暖了无数人的心灵。他专心于写作事业，出版了多本感人至深的小说作品，这些作品不仅治愈了读者的心灵，也让我们看到了他对生活的热爱和对生命的尊重。

更令人敬佩的是，Y 同志还将图书出版的部分收入捐赠给了白血病救治基金会，以帮助其他病友。他的善举体现了人间大爱，他的精神将永远激励着我们前行。

Y 同志的离世让我们深感痛惜，但他的精神将永存我们心中。在此，我们向 Y 同志表示最崇高的敬意和最深切的哀悼。我们要化悲痛为力量，继续他的未竟事业，传承他的奉献精神。

最后，让我们共同缅怀 Y 同志，愿他在天之灵安息。同时，也希望大家能够节哀顺变，珍惜生命，关爱他人，为构建和谐社会贡献自己的力量。

Y 同志，一路走好！

11.4 AI 写作开幕词

扫码看视频

在使用 AI 写作开幕词时，撰写者可以将相关信息和开幕词的写作模板提供给 AI，让它生成对应的公文内容，相关案例如下。

 提问

小茹需要代表 P 公司在其举办的全国智能耳机技术交流会上致开幕词，请根据下面提供的写作模板写一份开幕词，不要显示模板的元素名称。

写作模板

标题：

基本要素标题：[主持人(或领导人)姓名]在[会议(或活动)全称]上的开幕词

或

"主+副"标题：

主标题：[中心主旨或活动亮点]

副标题：[主持人(或领导人)姓名]在[会议(或活动)全称]上的开幕词

正文：

一、开头语

称谓：

尊敬的[特邀嘉宾姓名/职位]，各位[参与者的特定称谓]，女士们，先生们，大家好！

宣布开幕：

我很高兴地宣布，[会议(或活动)全称]今天正式开幕了！

会议情况简介：

本次[会议(或活动)]汇聚了来自[相关领域/行业]的众多专家和学者，以及我们尊贵的嘉宾和热情的参与者。在此，我代表主办方对大家的到来表示热烈的欢迎和衷心的感谢。

二、主体

概括总结以往工作：

在过去的一段时间里，[相关领域/行业]取得了显著的进步和成就。我们回顾过去，总结经验，为未来的发展奠定了坚实的基础。

阐述会议(或活动)的指导思想，提出任务，并对会议(或活动)过程做出说明和安排：

本次[会议(或活动)]旨在探讨[相关主题/议题]，共谋发展大计。我们将围绕[主要议题/目标]展开深入研讨，寻求创新思路，为实现[相关领域/行业]的可持续发展贡献力量。为确保会议的顺利进行，我们已制定了详细的议程安排，希望大家积极参与，共同推动会议取得圆满成功。

向参与者提出希望和要求：

我们希望大家在会议期间保持开放的心态，积极交流，共同分享经验和智慧。同时，也请大家遵守会议纪律，确保会议的顺利进行。我们期待与大家携手共进，共创美好未来！

三、结语

预祝本次[会议(或活动)]取得圆满成功！让我们携手共进，共创辉煌！

谢谢大家！

文心一言

小茹在 P 公司全国智能耳机技术交流会上的开幕词

尊敬的各位嘉宾，各位专家学者，女士们，先生们，大家好！

我非常荣幸地宣布，P 公司全国智能耳机技术交流会今天正式开幕了！在此，我代表 P 公司，对各位远道而来的嘉宾和参与者表示热烈的欢迎和衷心的感谢。

本次交流会汇聚了来自智能耳机领域的众多专家和学者，以及我们尊贵的嘉宾和热情的参与者。我们共同关注智能耳机技术的发展，期待在这个平台上分享经验、交流思想，共同推动行业的进步。

回顾过去，智能耳机技术取得了显著的进步和成就。从最初的简单音频传输，到现在的智能语音助手、健康监测等多元化功能，智能耳机技术正逐渐改变着我们的生活方式。我们深感自豪，同时也深知责任重大。因此，本次交流会的举办，旨在深入研讨智能耳机技术的发展趋势和创新思路，为实现行业的可持续发展贡献力量。

本次交流会，我们将围绕智能耳机技术的创新应用、用户体验优化、产业链协同发展等议题展开深入研讨。我们希望通过这次交流，能够汇聚各位的智慧和力量，共同推动智能耳机技术的进步和应用。为确保交流会的顺利进行，我们已经制定了详细的议程安排，希望大家能够积极参与，共同推动本次交流会取得圆满成功。

在此，我想对各位参与者提出几点希望和要求。首先，希望大家在交流期间保持开放的心态，积极分享自己的经验和见解，共同学习、共同进步。其次，也请大家遵守会议纪律，保持秩序井然，确保交流会的顺利进行。最后，我们期待与各位共同携手，共创智能耳机技术的美好未来！

预祝本次 P 公司全国智能耳机技术交流会取得圆满成功！让我们携手共进，共创辉煌！

谢谢大家！

11.5　AI 写作欢迎词

扫码看视频

在使用 AI 写作欢迎词时，需要做到语言亲切自然，避免过于机械和生硬，并确保内容准确反映活动或会议的主题和氛围，尊重并感谢参与者的到来。相关案例如下。

提问

策划部的曲经理需要在 K 公司与 F 大学的园林设计交流会上致欢迎词，请根据以下信息和格式，为曲经理写一份书面的欢迎词，要求：语言亲切自然，内容准确，表达出对参与者的尊重与感谢。

标题为"在园林设计交流会上的欢迎词"。

称谓为"各位来宾"。

在正文部分，首先写明致词的缘由，向宾客表示欢迎、感谢和问候；然后对宾客到来的目的和意义进行介绍；接着介绍双方的交往，写明双方交往的历史、赞扬来宾在交往中所做出的贡献、双方合作的成果以及期待进一步交往的意愿；最后表达祝愿或希望。

落款为"K 公司""曲经理"。

文心一言

在园林设计交流会上的欢迎词

各位来宾：

大家好！

在这金秋送爽、丹桂飘香的美好时节，我们 K 公司非常荣幸能够举办此次与 F 大学的园林设计交流会。在此，我代表 K 公司全体同人，向远道而来的 F 大学各位专家、学者及同学们表示热烈的欢迎和衷心的感谢！

今天，我们欢聚一堂，共同探讨园林设计的艺术魅力和发展趋势。我们深知，园林设计不仅关乎城市的美丽与和谐，更承载着人们对美好生活的向往和追求。因此，我们希望通过此次交流会，能够汇聚众智，共同推动园林设计领域的创新与发展。

K 公司与 F 大学一直保持着紧密的合作关系。多年来，我们双方在人才培养、科研合作等方面取得了丰硕的成果。F 大学的专家、学者们以其深厚的学术底蕴和前瞻性的研究视野，为我们公司的发展提供了宝贵的智力支持。同时，我们也积极为 F 大学的学生提供实习、实训机会，帮助他们将所学知识与实践相结合，为未来的职业生涯打下坚实的基础。在此，我要特别感谢 F 大学对我们工作的支持和帮助！

展望未来，我们期待与 F 大学继续深化合作，共同探索园林设计领域的新理念、新技术和新方法。我们相信，在双方的共同努力下，一定能够开创园林设计事业的新局面，为城市的美化和发展做出更大的贡献。

最后，我衷心祝愿此次园林设计交流会取得圆满成功！祝愿各位来宾在交流会上收获满满，同时也希望大家能够在这里度过一段愉快的时光。让我们携手共进，共创美好未来！

谢谢大家！

K 公司

曲经理

11.6　掌握写作技巧

扫码看视频

相较于其他类型的公文，讲话类公文既要保留书面公文的特性，又要满足口语表达的需求，因此在写作时撰写者需要掌握一定的写作技巧。

1. 发言稿的写作技巧

在撰写发言稿时，不能随心而动，想到哪写到哪，而要有一定的安排和掌握一定的技巧。一般来说，撰写者应该把握好内容和语言两个方面，具体内容如下。

（1）内容上，有的放矢，中心突出，层次分明。

发言稿的内容能够传达发言者的意图，因此，在内容上做到"有的放矢，中心突出和层次分明"才是写好发言稿的关键。

（2）语言上，"上口""入耳"，少陈词滥调。

发言稿是需要讲话者说出来的，因此，对讲话者来说，要"上口"，即发言稿要符合人们的口语习惯，尽量采用短句，并选用响亮的字眼，让人在表达时朗朗上口。

发言稿是要说给一定场合的受众听的，因此，对受众来说，要"入耳"。一方面，要求发言稿讲的是受众能听懂的内容；另一方面，要求发言稿讲的内容能让受众产生兴趣，这就要求发言稿少陈词滥调，在语言的生动性方面下功夫。

2. 悼词的写作技巧

在写作悼词时，掌握一定的写作技巧，可以帮助撰写者更好地厘清行文思路，具体内容如下。

（1）内容上，明确主要写作目的，实事求是。

悼词的主要写作目的是对去世者生平事迹的介绍，肯定其丰功伟绩，然后传达出赞颂的情感，感召在世者学习去世者好的作风。介绍去世者的事迹时需如实陈述，不可夸大事实、过度粉饰。

（2）情感上，哀思与勉励并行，情真意切。

悼词更多的是对去世者一生的简要回顾，因此在赞扬去世者美德时往往容易触动人心，令人深感惋惜，因而沉浸于悲痛之中，但"逝者已逝，生者节哀"，对于去世者的精神传递才是对去世者最好的哀思。优秀的悼词应当真挚地表达勉励之意。

（3）语言上，简约质朴，严肃且精炼。

在悼词的语言使用上，无需辞藻华丽，简约质朴更能表达真切的情感，但也不能过于平白无约束，使用相对严肃且正经的语言进行描述，更能表达对去世者的尊重。

3. 开幕词的写作技巧

在写作开幕词时，应该从两个方面把握写作技巧，具体内容如下。

（1）注意格式方面的技巧。撰写者应该严格按照其格式要求撰写，而不是胡乱进行公文内容的组合。因此，在格式方面，要求段落、层次分明，标题、开头语、正文和结语等应该"各就其位"，并注意彼此之间的段落划分。

（2）注意内容方面的技巧。从这个角度来看，公文的写作应该在内容和语言应用上符合开幕词的要求。

4. 欢迎词的写作技巧

欢迎词是用于社交礼仪场合的讲话类公文，在撰写时要特别注意不要失礼和篇幅过长。具体写作技巧如下。

（1）友好和热情。

在撰写欢迎词时，友好和热情是第一要义。在文中，要时刻表达致词方的友好和热情，在己方原则的表述上也要注意这一问题。

当双方原则一致时，要热情、礼貌地赞扬双方坚持这一原则产生的作用；当双方原则存在分歧时，要巧妙而得体地在不伤害双方感情的情况下表达自己的立场和原则，从而使双方的交往和合作持续、稳定地发展下去。

（2）措辞慎重。

在致欢迎词时，要特别注意措辞。首先应该慎重，不要毫无顾忌地信口胡说；其次要尊重宾客的风俗习惯，以免引起不必要的误会。

第 12 章

AI 写作书信类公文

学前提示

在公文的写作中，书信文体运用得相当广泛，由此形成了一种特殊的专用书信公文，其类别和涉及的内容多种多样。本章主要介绍四种书信类公文的基础知识、AI 写作的方法及相关的写作技巧，旨在帮助撰写者掌握书信类公文的写作方法。

要点提示

▶　了解书信类公文。

▶　AI 写作倡议书。

▶　AI 写作慰问信。

▶　AI 写作贺信。

▶　AI 写作介绍信。

▶　掌握写作技巧。

12.1　了解书信类公文

　　书信类公文，即采用书信形式编写的正式公文，是党政机关、社会团体、企事业单位之间或个人与组织之间进行沟通、联系和传达信息的重要工具。常见的书信类公文有倡议书、慰问信、贺信和介绍信等，下面介绍这四种公文的基础知识。

1. 倡议书

　　倡议书，即某一组织、社团或个人联合向社会或有关方面公开提出某种建议以号召别人，希望获得响应而应用的信件。其目的在于调动广大人民的积极性，共同开展或推动某项活动、某种任务。

　　倡议书，究其实质，就是一种倡导性的建议文书，它具有四个明显的特点，如图 12-1 所示。

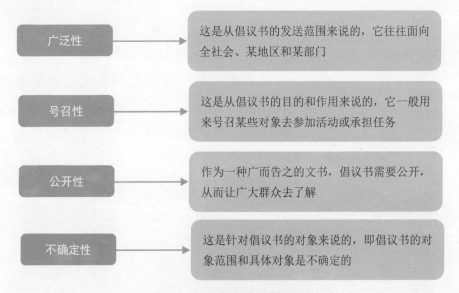

广泛性	这是从倡议书的发送范围来说的，它往往面向全社会、某地区和某部门
号召性	这是从倡议书的目的和作用来说的，它一般用来号召某些对象去参加活动或承担任务
公开性	作为一种广而告之的文书，倡议书需要公开，从而让广大群众去了解
不确定性	这是针对倡议书的对象来说的，即倡议书的对象范围和具体对象是不确定的

图 12-1　倡议书的主要特点

　　倡议书一般由标题、称谓、正文和落款四部分组成。

　　(1) 标题。

　　倡议书的标题有"文种""倡议内容+文种"和"单位名称+事由+文种"三种写作形式。

　　(2) 正文。

　　倡议书通常由开头、主体和结尾三部分组成。

在开头部分，倡议书一般写明其背景、原因和目的，这些元素是推动受众响应的关键内容。只有在开头把这些内容交代清楚，才能明确行动的方向和目标。

在主体部分，撰写者应该重点写明倡议的具体内容和要求，一般采用分条叙写的形式，力求把每个方面的每个问题和要求都交代清楚。

在正文的结尾部分，应该卒章显志，提出建议和希望，表明倡议者的决心。

(3) 落款。

倡议书的落款包括倡议主体名称和倡议时间两个要素。其中，倡议主体名称可以是单位、集体名称，也可以是个人名称或个人联合名称。

2. 慰问信

慰问信是一种用于表达关怀、慰问的书信类文书，通常在节日或遇到重大事件或特殊情况时使用较多。

一般来说，慰问信通常用于在节日或特殊情况下，对一些做出特殊贡献的集体或个人表示问候，或对因某种原因而遭受暂时困难和严重损失的集体或个人表示同情和安慰。

慰问信主要由标题、称谓、正文和落款组成，分别进行介绍。

(1) 标题。

慰问信的标题有三种写作形式：以"文种"命名、以"慰问对象+文种"命名和以"发文单位+慰问对象+文种"命名。

(2) 称谓。

在称谓部分，应该顶格写明慰问对象的单位名称或个人姓名。如果慰问对象是个人，则应该在个人姓名前加上敬称，如"敬爱的""尊敬的""亲爱的"等，在个人姓名后加上称呼语，如"先生""同志""女士"等。

(3) 正文。

在正文部分，慰问信应该写明三个方面的内容。首先，写明慰问的背景和原因，为引出下文作铺垫。其次，写明慰问的事项。最后，是慰问信的结尾部分，它应该在以下三个方面进行简单陈述。

- 提出希望。撰写者应该就目前形势和任务对慰问者提出希望。
- 表达决心。简单表达慰问者和被慰问者的共同愿望和决心。
- 表示祝愿。无论是节日慰问，还是同情慰问，都应以表示祝愿的惯用语结尾。

(4) 落款。

慰问信的落款应注明发文单位名称和成文日期。

3. 贺信

贺信是一种用来表示祝贺的专用书信。除了向对方表示祝贺之外，它还兼具慰问和赞扬的功能。从贺信发送双方之间的关系来看，它可以分为五类。

（1）国际往来贺信：是一种外交贺信，通常在新首脑就职或国家有重大喜事时发出。这不仅是外交礼仪的需要，也是促进两国友好关系和共同发展的手段。

（2）上行文贺信：是下级单位发送给上级单位的贺信，它除了表示对全局性工作中取得成就的祝贺之外，还会把下级单位完成任务的决心和信心也囊括进去。

（3）下行文贺信：是上级单位发送给下级单位的贺信，用以表达对节日庆典或工作成就的祝贺。

（4）平行文贺信：是同级机关之间发送的贺信，它除了对对方取得的成就表示祝贺之外，还表现出一种向对方学习的谦逊态度。

（5）私人往来贺信：内容包括生活和工作中所有值得祝贺的事情。

贺信作为一种专用书信，一般由标题、称谓、正文和落款四个部分组成。

（1）标题。

贺信的标题可以采用五种不同的写作形式：以"文种"命名、以"发送机关+文种"命名、以"贺信对象+文种"命名、以"发送机关+贺信对象+文种"命名和以"贺信事由+文种"命名。

（2）称谓。

贺信的称谓是在标题下一行顶格写明祝贺对象的名称，一般是单位名称或个人姓名。其中，写给个人的贺信必须在姓名后加上称呼语。

（3）正文。

贺信一般是基于某一事由而发的，因此在正文部分首先应该表明发出贺信的背景；其次交代清楚发出贺信的原因；最后表达由衷的祝贺，并提出希望和要求。与一般书信一样，贺信也要在正文结束后加上书信惯用语，如"此致敬礼"等。

（4）落款。

在贺信的落款部分应写明发出贺信的单位或个人的名称、姓名，并注明成文日期。

4. 介绍信

介绍信是一种用于介绍和联系接洽事宜的文体，它主要用于党政机关、社会团体和企事业单位在派人外出办事时持有。当撰写者需要联系工作、洽谈业务、参加会议和了解情况时，介绍信可以起到自我介绍的作用；当撰写者需要让对方了解自己的身份和目的，获得对方信任时，介绍信可以起到自我证明的作用。

介绍信按照其形式的不同可分为两类，具体内容如下。

（1）书信式介绍信。这类介绍信采用的是书信格式，其纸张一般为印有单位名称的信笺。这类介绍信也称便函式介绍信。

（2）填表式介绍信。这类介绍信不需要按照书信格式书写，通常只需要在表中的相应位置把相关事项填写清楚就可以。由于这类介绍信有存根，因此也被称为带存根的介绍信。

从介绍信的格式来看，书信式介绍信和填表式介绍信的内容都是由标题、称呼、正文和落款四个部分组成的，具体内容如下。

（1）标题。

介绍信的标题形式为"介绍信"字样居中书写。

（2）称呼。

介绍信的称呼部分一般顶格书写收文单位的名称或个人姓名，在其后再加上称呼语。

（3）正文。

在介绍信的正文部分，应该写明被介绍人的姓名、人数、身份等基本信息，以及前往接洽的事项、向接洽单位提出的要求和希望等，其后要加上"请接洽"等惯用语。完成这些内容后，另起一行空两格写上"此致"，并在下一行顶格书写"敬礼"字样。

（4）落款。

介绍信的落款部分除了公文惯有的署名和成文日期之外，还有一个有效期限的辅助说明，其中具体天数要大写。对于带有存根的介绍信，只需填写相应的内容即可。

12.2　AI 写作倡议书

扫码看视频

在使用 AI 写作倡议书时，撰写者可以先向 AI 提供相关的基础知识，让它试着生成一篇范文。然后，再向 AI 提供倡议书的主题和落款等信息，以便其进行进一步的写作。下面介绍具体的操作方法。

步骤 01 在文心一言主页的输入框中输入指令，按 Enter 键发送，让 AI 根据倡议书的基础知识写作一篇范文，相关指令和回复内容如下。

 提问

请根据下面提供的倡议书的基础知识，生成一篇范文。

倡议书一般由标题、称谓、正文和落款四个部分构成。其中，标题有"文种""倡议内容+文种"和"单位名称+事由+文种"三种不同的写作形式；正文通常由开头、主体和结尾三个部分组成，在开头部分一般写明其背景、原因和目的，在主体部分需要写明倡议的具体内容和要求，在结尾部分通常提出建议和希望；倡议书的落款包括倡议主体名称和倡议时间两个要素。

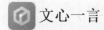 文心一言

保护野生动物倡议书

亲爱的市民朋友们：

随着我们城市的发展，我们的生活水平不断提高，但与此同时，我们也发现了一些令人担忧的现象：野生动物的生存环境正面临严重威胁，许多珍稀物种的数量正在急剧减少。为了保护我们共同的家园，维护生态平衡，我们急需行动起来，共同守护我们的野生动物。

野生动物是地球生态系统中不可或缺的一部分，它们对于维持生态平衡、促进生物多样性具有不可替代的作用。然而，由于人类活动的影响，野生动物的生存环境正在遭受破坏，许多珍稀物种濒临灭绝。为了改变这一现状，我们呼吁广大市民朋友们积极参与保护野生动物的行动。在此，我们提出以下倡议：

一、加强野生动物保护意识。我们要从自身做起，增强保护野生动物的意识，了解野生动物保护的重要性，不购买、不食用野生动物及其制品，不参与非法捕猎、贩卖野生动物的活动。

二、积极参与野生动物保护行动。我们可以加入当地的野生动物保护组织，参与志愿者活动，为野生动物提供食物、水源和栖息地等必要的帮助。同时，我们也可以向身边的亲朋好友宣传野生动物保护的重要性，让更多的人加入到保护野生动物的行动中来。

三、加强野生动物栖息地保护。我们要保护野生动物的栖息地，不乱砍滥伐、不乱扔垃圾、不随意开发野生动植物的栖息地。同时，我们也要积极呼吁政府和社会各界加大对野生动物栖息地的保护力度，确保野生动物有一个安全、舒适的生存环境。

我们坚信，只要我们每个人都积极参与保护野生动物的行动，就一定能够改变野生动物的命运。让我们携手并进，为保护野生动物、维护生态平衡贡献自己的力量！

倡议人：[您的姓名或组织名称]

倡议日期：[具体日期]

步骤02 在同一个对话窗口中输入指令，按 Enter 键发送，让 AI 根据提供的信息进行写作，相关指令和回复内容如下。

 提问

请结合之前提供的倡议书的基础知识，根据下面提供的信息，写一封倡议书，要求：要素齐全、格式正确、情感真挚。

C 市的海洋保护协会想发一封主题为"保护海洋生态、拒绝海洋垃圾"的倡议书，呼吁大家一起爱护海洋环境、践行绿色生活，倡议日期为 2026 年 7 月 5 日。

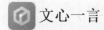 文心一言

保护海洋生态、拒绝海洋垃圾倡议书

尊敬的市民朋友们：

随着人类活动的日益频繁，我们的海洋环境正面临巨大的挑战。海洋污染、海洋垃圾问题日益严重，不仅威胁着海洋生物的生存，也影响着我们自身的健康和生活质量。为了守护我们共同的蓝色家园，C 市海洋保护协会发起此次"保护海洋生态、拒绝海洋垃圾"的倡议，呼吁大家共同行动起来，爱护海洋环境，践行绿色生活。

海洋是地球上最大的生态系统，它为我们提供了丰富的资源和美丽的风景。然而，近年来，随着工业化、城市化的快速发展，大量的废弃物和污染物被排放到海洋中，导致海洋环境日益恶化。海洋垃圾不仅破坏了海洋生物的生存环境，还通过食物链影响到我们的健康。因此，保护海洋生态、拒绝海洋垃圾已经刻不容缓。

在此，我们倡议：

一、加强海洋保护意识。了解海洋生态系统的重要性，认识到海洋垃圾对海洋生物和人类的危害，增强保护海洋环境的责任感和使命感。

二、积极参与海洋保护行动。不向海洋乱扔垃圾，不随意丢弃废弃物；在海边游玩时，注意保持环境整洁，不乱丢烟蒂、包装袋等垃圾；积极参与海洋垃圾清理活动，为海洋环境贡献自己的力量。

三、倡导绿色生活方式。减少使用一次性塑料制品，选择环保购物袋、餐具等替代品；合理处理废旧物品，分类投放垃圾，支持回收再利用；倡导低碳出行，选择步行、骑行、公共交通等绿色出行方式。

四、加强宣传教育。通过媒体、网络等渠道，广泛宣传海洋保护知识，提高公众对海洋保护的认识和参与度；在学校、社区等场所开展海洋保护教育活动，培养青少年的海洋保护意识。

我们深知，保护海洋生态、拒绝海洋垃圾需要每个人的共同努力。让我们携手并进，从自身做起，从现在做起，为守护蓝色家园贡献自己的一份力量！我们相信，只要我们齐心协力，一定能够创造出一个更加美丽、健康的海洋环境。

倡议单位：C 市海洋保护协会

倡议日期：2026 年 7 月 5 日

12.3　AI 写作慰问信

扫码看视频

慰问信的写作比较简单，撰写者只需将慰问的对象、背景和事项交代清楚，让 AI 根据这些信息进行创作即可。相关案例如下。

 提问

慰问信主要由标题、称谓、正文和落款组成，请根据以下要求，写作一封要素齐全、格式正确、情感真挚的慰问信。

标题为"慰问信"；称谓为"亲爱的全体职工"；正文内容包括慰问的背景和原因(2027 年春节即将来临)、慰问的事项(对过去一年辛勤工作的全体职工进行关怀、鼓励)，以及结尾(对全体职工提出希望并表达祝愿)；落款的发文单位为"R 公司"，成文日期为"2027 年 2 月 4 日"。

 文心一言

慰问信

亲爱的全体职工：

值此新春佳节即将来临之际，R 公司向辛勤工作在公司各个岗位的全体职工致以最诚挚的慰问和衷心的感谢！

过去的一年，是公司发展历史上具有重要意义的一年。面对市场的变化和竞争的压力，全体职工以高度的责任感和使命感，团结一心、迎难而上，共同推动了公司的稳步发展。你们在工作中所付出的努力和汗水，是公司取得各项成绩的关键。在此，公司向你们表示最崇高的敬意和最衷心的感谢！

新春佳节是团圆和欢庆的时刻，也是展望未来、规划新篇的重要节点。在新的一年里，我们希望全体职工能够继续保持高昂的工作热情，以更加饱满的精神状态投入到工作中去，为公司的发展贡献更多的力量。同时，公司也将一如既往地关心和支持每一位职工的工作和生活，为大家提供更加优越的工作环境和发展平台。

最后，在新春佳节到来之际，我们向全体职工致以最美好的祝愿：愿你们在新的一年里身体健康、工作顺利、家庭幸福、万事如意！让我们携手共进，共同迎接更加美好的未来！

R 公司

2027 年 2 月 4 日

12.4 AI 写作贺信

扫码看视频

在写作贺信前，撰写者需要确认对方的确有"喜"可贺，否则不仅难以发挥贺信的作用，反而还会闹出笑话。在写作时，撰写者可以先让 AI 生成一个写作模板，然后手动将提供的信息填入模板中，从而完成一封贺信的写作。下面介绍具体的操作方法。

步骤 01 在文心一言的输入框中输入指令，按 Enter 键发送，让 AI 生成贺信的写作模板，相关指令和回复内容如下。

 提问

请根据以下信息生成一个贺信的写作模板。

贺信一般由标题、称谓、正文和落款这四个部分组成。

(1) 标题：有"文种""发送机关+文种""贺信对象+文种""发送机关+贺信对象+文种"和"贺信事由+文种"等五种形式。

(2) 称谓：在标题下一行顶格写明祝贺对象的名称，一般是单位名称或个人姓名。其中，写给个人的贺信必须在姓名后加上称呼语。

(3) 正文：首先应该表明发出贺信的背景；其次交代清楚发出贺信的原因；最后表达由衷的祝贺，并提出希望和要求。与一般书信一样，贺信也要在正文结束后加上书信惯用语，如"此致敬礼"等。

(4) 落款：写明发出贺信的单位或个人的名称、姓名，并注明成文日期。

 文心一言

贺信写作模板

标题

[发送机关名称]致[贺信对象名称]的贺信

或

[贺信事由]贺信

或

关于[具体事项]的贺信

称谓

[贺信对象名称]:

或

[贺信对象姓名]先生/女士/同志:

正文

值此[具体背景或事件]之际，我单位/我谨代表[所属单位或个人身份]，向您/贵单位表示最热烈的祝贺！

在过去的一段时间里，[贺信对象]在[具体领域或项目]中取得了显著的成绩和突破。这些成绩的取得，不仅体现了[贺信对象]的卓越才能和不懈努力，也为[所属领域或行业]的发展做出了积极贡献。

[贺信对象]的成就，是我们所有人学习的榜样。在此，我们向[贺信对象]表示由衷的敬意和祝贺，并期待[贺信对象]在未来的工作中继续取得更加辉煌的成就。

同时，我们也希望[贺信对象]能够继续保持优良作风，不断创新进取，为推动[所属领域或行业]的持续发展贡献更多力量。

再次向[贺信对象]表示热烈的祝贺，并祝愿[贺信对象]在未来的日子里事业蒸蒸日上，身体健康，家庭幸福！

此致

敬礼！

落款

[发送单位名称或个人姓名]

[具体日期]

请注意，以上模板仅为示例，实际撰写贺信时，需根据具体情况进行调整和修改，以确保内容的准确性和恰当性。

> 步骤02 在同一个对话窗口中继续输入指令，按 Enter 键发送，让 AI 生成需要的贺信，相关指令和回复内容如下。

 提问

请根据提供的信息，套用写作模板生成一封贺信。

Q 公司今年将迎来 20 周年庆典，T 公司作为它的合作伙伴，需要写一封贺信，成文日期为 2026 年 4 月 8 日。

 文心一言

T 公司致 Q 公司 20 周年庆典的贺信

Q 公司:

值此贵公司迎来 20 周年庆典的喜庆时刻，我谨代表 T 公司，向 Q 公司表示最热烈的祝贺和最美好的祝愿！

过去的 20 年里，Q 公司凭借卓越的战略眼光、不懈的创新精神和扎实的业务能力，在行业中树立了良好的口碑，取得了令人瞩目的成绩。作为 Q 公司的合作伙伴，我们深感荣幸，也见证了 Q 公司一步步走向辉煌的历程。

Q 公司的成功，不仅在于其卓越的产品和服务，更在于其坚持客户至上、诚信经营的理念。这种精神不仅赢得了客户的信赖和尊重，也为整个行业树立了榜样。我们为能够与 Q 公司携手合作，共同推动行业发展而感到自豪。

在 Q 公司迎来 20 周年庆典之际，我们衷心祝愿 Q 公司在未来的发展中继续保持创新精神，不断超越自我，实现更加辉煌的业绩。同时，我们也期待与 Q 公司继续深化合作，共同开创更加美好的未来。

再次向 Q 公司表示热烈的祝贺，并祝愿 Q 公司 20 周年庆典圆满成功！祝愿 Q 公司全体员工身体健康，工作顺利，家庭幸福！

此致

敬礼！

T 公司

2026 年 4 月 8 日

12.5　AI 写作介绍信

扫码看视频

填表式介绍信的写作比较简单，撰写者根据表格的提示进行填写即可。而书信式介绍信需要撰写者从零进行写作，比较复杂，因此可以借助 AI 来完成，相关案例如下。

 提问

介绍信的标题一般为"介绍信"；称呼一般是收文单位的名称或个人姓名，在其后加上称呼语；正文部分写明被介绍人的姓名、身份等基本信息以及前往接洽的事项、向接洽单位提出的要求和希望等，其后要加上"请接洽"等惯用语，最后写上"此致""敬礼"这两个常见的书信措辞；落款部分包括署名、成文日期和有效期限的辅助说明，有效期限的具体天数要大写。Y 公司的华南分部需要派 37 岁的技术部副经理小徐去公司的华东分部参与新型油漆项目的研发，需要写一封介绍信，有效期为 30 天，时间为 2027 年 5 月 8 日。

 文心一言

介绍信

尊敬的华东分部负责人：

您好！

兹介绍我华南分部技术部副经理徐先生(37 岁)，前往贵部参与新型油漆项目的研发工作。徐先生在我公司技术部担任重要职务，具有丰富的技术经验和专业知识，相信他的加入将为贵部的新型油漆项目研发工作带来积极的影响。

在徐先生前往贵部期间，恳请贵部在研发项目合作上给予充分的支持和协助，同时也希望徐先生能够遵守贵部的规章制度，与贵部同仁保持密切沟通与协作，共同推进项目的进展。

请贵部接洽并妥善安排徐先生的工作与生活。如有任何需要协调的事宜，请随时与我华南分部联系。

此致

敬礼！

(有效期 30 天)

Y 公司华南分部

2027 年 5 月 8 日

12.6　掌握写作技巧

扫码看视频

了解了书信类公文的基础知识，撰写者就可以使用 AI 进行相应公文的写作了。不过，撰写者若想创做出内容更有深度的书信类公文，可以学习一些相关的写作技巧，以提升自己的公文写作水平。

1. 倡议书的写作技巧

倡议书作为一种旨在感召他人的文书，在写作上更要加以注意，以免误导受众。在写作倡议书时，要掌握以下两个方面的写作要领和技巧。

(1) 内容方面。

倡议书在内容的选择上并不是随意的，而是有一定的标准和原则，具体如下。

● 　与党和国家的方针政策相符。这是倡议书内容选择的一个重要方向。只有反映党和国家新时代下所坚持的战略方针和政策举措，才有在更大范围内提出倡议的可能。

● 　符合时代发展脉络。这是基于倡议书的现实性而言的。因此，倡议书的内容应该紧密结合当前的发展形势，体现时代精神。

(2) 语言方面。

● 　语言是传达思想和精神的载体，合适的语言能够最大限度地呈现给读者最好的精神面貌。倡议书的语言应该从篇幅、措辞和意思等三个方面来把握。

● 　从篇幅上来看，倡议书的语言应该尽量简练，不宜过长。

● 　从措辞上来看，倡议书的语言应该体现"真切"两字。在情感上要"真"，能让广大受众感受到其中的真挚情感，从而感动他们；在表达上要"贴切"，选择最合适的语言。就拿倡议书的称谓来说，应根据对象选用合适的称谓，如"广大的青少年朋友"就是对称谓的细化。

● 　从意思上来看，倡议书的语言应该准确而具体，倡议的目的要明确。例如，在倡议书的开头部分，就应该写明倡议的依据、原因和目的，给倡议对象指引方向，引导他们行动。

2. 慰问信的写作技巧

在写作慰问信时，掌握一些写作技巧和了解一些注意事项是非常有必要的，具体内容如下。

(1) 内容方面。

慰问信主要对两种对象表示慰问：一是有着特殊贡献的，二是遇到困难的。对于前一种，慰问信的内容应该侧重赞颂他们所做出的巨大贡献和所获得的巨大成就；对于后一种，应侧重于表达对他们的关怀、慰勉和支持。

(2) 情感方面。

慰问信在情感和抒情上有着较高的要求，需要表现出慰问者和被慰问者之间的深厚情感；还要求能让做出贡献的集体和个人感受到激励和赞赏，能让遭遇苦难者感受到支持，从而增强其建设社会或克服困难的信心。

(3) 署名方面。

当慰问信的撰写单位或个人并不是单个时，把所有单位和个人一一列上，才是慰问信的正确署名方式。

3. 贺信的写作技巧

在写作贺信时，撰写者需要掌握内容、感情和用语三个方面的技巧，具体内容如下。

(1) 内容方面。

贺信的正文部分应该包括四个方面的内容：向谁祝贺、祝贺什么、为什么祝贺、祝贺话语和提出要求与希望。另外，在贺信中提及对方的成就时，要实事求是，切忌夸大。

(2) 感情方面。

贺信表达出的情感应该是真挚而热烈的，并且能让被祝贺人充分感受到这种情感，从而使其受到鼓舞和激励。

(3) 用语方面。

贺信应该采用简练的语言，用不太长的篇幅表达出所有应该展现的内容，并突出中心，把所有累赘、老套之语尽皆去除。

4. 介绍信的写作技巧

介绍信有介绍和证明的双重作用，因此，在写作过程中需要遵循原则、表达、篇幅和版面四个方面的要求，如图 12-2 所示。

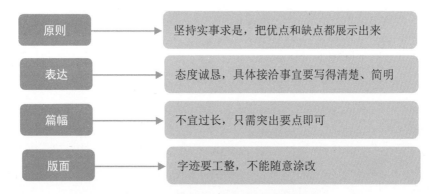

图 12-2 写作介绍信需要遵循的要求

另外，在书写带有存根的介绍信时，还应该注意以下问题。

(1) 当介绍信的接洽事宜有一定的重要性和保密性时，需要注明派遣人员的政治面貌和职务，以表示其工作的胜任程度。

(2) 当介绍信比较重要时，在撰写好后应交由上级领导过目或在存根上签字。